人生は荒野の旅路

――民数記を学ぶ

塩野 和夫

花書院

目次

はしがき

『人生は荒野の旅路―民数記を学ぶ』の製作過程には予想もしない展開があった。一方でそれが直接文面には現れないように注意した。しかし、思いがけない出来事は民数記への深い共感性を著者に与えた。

そもそも宇和島信愛教会と伊予吉田教会の祈祷会で一〇回にわたって民数記のレジュメを配布した。一九八七（昭和六二）年から八八年にかけてである。あの時は英語と日本語の注解書を読み、参加者へのメッセージを読み取るのが精一杯だった。ただ、民数記の使信が意外とキリスト教会の現場に向けて語りかけていることを感じていた。なお、本書が一〇章構成になっているのは祈祷会で聖書研究を一〇回行ったことを反映している。また、サブタイトルを『民数記を学ぶ』としたのは祈祷会の内容と対応している。

一〇回のレジュメをまとめて『国際文化論集』に発表したのは、左記の通り二〇二〇年三月から二〇二二年九月にかけてである。

二〇二〇（令和二）年三月　「民数記を学ぶ（一）」『国際文化論集』三四巻二号
二〇二〇（令和二）年九月　「民数記を学ぶ（二）」『国際文化論集』三五巻一号
二〇二一（令和三）年三月　「民数記を学ぶ（三）」『国際文化論集』三五巻二号

二〇二一（令和三）年九月　「民数記を学ぶ（四）」『国際文化論集』三六巻一号
二〇二二（令和四）年九月　「民数記を学ぶ（五）」『国際文化論集』三七巻一号

この時期がA君（一九七一～二〇〇九）の死をめぐる悲しみに沈み込んでいた時期と重なる。二〇二〇年九月、夢の中で突然込み上げてきた悲しみがあった。一〇年余り前に自ら命を絶った教え子A君に関する悲しみである。

夢の中で教え子は悲しみに打ちひしがれていた。そんなA君に向けて鋭く批判する声があった。気の毒でならなかった。しかし、A君と批判者の間に立って彼を守ってやることさえできなかった。

朝起きると目の周りが涙で濡れていた。そんな夜が九月・一〇月・一一月・一二月と続き、心身が衰弱した。異変に気付いた妻が繰り返し夢に関する話を聞いてくれた。そして、彼女から「大学の産業医に相談するように」と勧めを受けた。産業医の面談を受けたのは二一年三月である。うなずきながら話を聞いていた産業医は、「精神科医の診察を受けるように」と手続きを整えて下さった。四月二日に精神科医の診察を受ける。用意した書面に目を通し、話を聞き終えた精神科医は明快な判断とアドバイスを示して下さった。

あなたに精神的な病は認められません。あなたの心身の不調はパワーハラスメントから来ています。しかも、パワハラを加えている相手は多くの場合、それに気づいてさえいません。だから、パワハラの相手から逃げなさい。避けなさい。そして自分を守るのです。勤務している大学は即刻辞任することを勧めます。

込み上げてきた悲しみで痛感したのはその深さだった。A君に対する悲しみを正面から向き合わないで無意識の層に沈めていた。そうしないことには日常生活を営めないと自覚していたためである。だから、一〇年余り経って夢の中に打ちひしがれた顔と彼を批判する声が一つとなって込み上げてきた時に、いくら悲しんでも底が見えなかった。「けれども」と今にして思う。「あの悲しみの深さは何だったのだろう」、「なぜ、私はこれほどまでにA君を悲しんでいたのだろうか」。それはA君と私が教育活動で魂と魂が触れ合うまでに共感していたからに違いない。西南コイノニアで共に聖書を学んだ時、塾や教会の報告に耳を傾けた時、牧師に就任してからも彼は確かな成長を示していた。そして、私が脳梗塞を発症してからは祈り続けてくれた。

これが本書をまとめた時期における私の苦悩の内実である。悶々とする魂は民数記が扱う事柄に共感を覚え、それが今の時代にも現実であることを痛感させていた。そこで、タイトルを『人生は荒野の旅路』とした。

注　「はしがき」で言及しているA君と『詩人の心―恩師の助言に導かれて―』（花書院、二〇二二年）の「あとがき」で触れていたH君は同一人物である。

なぜ、同じ人物を別の本の「あとがき」と「はしがき」で述べることとなったのか。理由は二つある。第一は『詩人の心』で紹介して以来、A君について考え続けていた。だから「はしがき」でA君に触れたのは自然なことだった。同時にA君へのこだわりが強すぎたため、うっかりして『詩人の心』の「あとがき」の内容については全く忘れていた。これが第二の理由である。

ところが「はしがき」を書き終えてから何となく気になり、「あとがき」を読み直してみて驚き、「どうしたものか」と考えざるをえなかった。考え抜いた結果、当初の予定通り「はしがき」ではA君として掲載することとした。主たる理由が二つある。一年間に彼に関して知人にも聞き自分の記憶を思い出すことによって、A君の足跡をより正確により豊かに描写できるようになっていた。これが第一の理由である。第二に魂と魂が触れ合うまでの教育活動を通して確かな成長を遂げてくれた教え子に対する教員の思いである。

彼は西南学院の教育精神を受け止めて真直ぐに育ってくれた。そんなA君を私は誇りに思う。そして機会があれば、「彼の生涯と生き方を伝えることは使命だ」と考えるようになっていた。そこで、「あとがき」と「はしがき」における重複にもかかわらず、今回A君を登場させることとした。

第一章　共なる歩みを　一章一節〜二章三四節

第一節　民数記の主題

（一）問い―出発二〇日前―

エジプトを出立し、イスラエルは当面の目標であったシナイ山に三か月かかって到達した。しかし、シナイは最終の目標地ではなかった。ところで、十戒と幕屋を与えられたのはシナイに滞在していた時である。そうして、民数記一章一節にある通り翌年の二月一日を迎える。一〇章一一〜一二節には「第二年の第二の月の二十日のことであった。雲は掟の幕屋を離れて昇り、イスラエルの人々はシナイの荒れ野を旅立った。雲はパランの荒れ野にとどまった」と記されている。

シナイにおける休息の時を終えると、二月二〇日にイスラエルは本格的な旅に出た。荒野での宿営と行進を続ける旅に出た。そうだとすると、二月一日はいよいよ荒野への本格的な旅に出る二〇日前になる。二〇日前といえば、最終的な準備にあたらなければならない時である。

そこで、イスラエルが本格的な旅に出るにあたって必要なものは何だったのか。集団として四〇年に及ぶ荒野の旅を続けていくために必要なものは何であるのか。それが共同体としてイスラエルを整えることだった。各自がばらばらに行動したのでは荒野を旅することはできない。共同体として整えねばならない。すでに十戒は与えられ、幕屋が備えられている。その上で、共同体として旅を続けていくために必要な一切をこの二〇日間で準備しなければならない。

こうして共同体として整えられ、荒野を旅し、ついに目的地に到達する。これが民数記の扱っている出来事である。

（二）共同体―民数記の主題―

民数記の主題は共同体である。そこで、「共同体」という観点から民数記を概観しておきたい。

民数記の第一部（一章〜一〇章）はシナイにおける二〇日間にわたる旅の準備を描いている。イスラエルが共同体として整えられたのはこの時である。

共同体として整えられたイスラエルは整然として荒野の旅に出る。そして、四〇年に及ぶ旅路の後にカナンに到着した。第二部（一一章〜二〇章一三節）がこの旅路を扱っている。イスラエルは共同体として整えられていたからこそ、四〇年の旅を続けることができた。しかし、その間にはさまざまな問題が生じ、共同体の危機にも陥った。イスラエルの力では解決できない危機である。不信仰のため旅路を誤ったこともある。そのような過ちにもかかわらず、イスラエルは四〇年の旅路の後に目標の地に到着している。何がイスラエルを支え、導いたのか。共同体を支えた存在が明らかにされている。

第三部（二〇章一四節〜三六章）はヨルダン川東岸における定住を描いている。ヨルダン川を渡り、カナンの地に入っていたわけではない。しかし、ルベン、ガド、マナセの半部族がヨルダン川東側の地に定住した。それはイスラエル全部族がカナンに定住する様子を前もって語っている。

このように共同体であるイスラエルの形成、歩み、帰結を民数記は描いている。

（三）第一部「共同体の形成」の構成

テキストを学ぶに入るにあたって、第一部「共同体の形成」の構成を確認しておこう。

① 人口調査と配置（一章〜二章）

一章と二章は人口調査と配置を記している。イスラエル全部族の人口、ただし二〇歳以上の成年男子の人数が数えられた。その上で、幕屋を中心とした各部族の配置が決められる。イスラエルはこの配置に従って整然と旅を続けた。

② レビ人の召集（三章〜四章）

次いで、レビ族の人数が数えられる。彼らには聖所を司る職務が命じられた。

③ 諸種の規定（一）（五章〜六章）

いくつかの規定が記されている。これらは古い伝承に基づいていると考えられている。

④ 部族指導者の献げ物（七章）

各部族の指導者が代表して献げ物をしたと報告されている。

⑤ 諸種の規定（二）（八章〜九章一四節）

諸種の規定が続く。ただし、「諸種の規定（一）」が一般人を対象としていたのに対して、「諸種の規定（二）」はレビ人や過越しの祭り、要するに祭儀に関する規定を扱っている。

⑥　シナイ出発（九章一五節〜一〇章）

共同体として整えられたイスラエルがシナイを出発する様子を描いている。

第二節　共なる歩みを

民数記一章〜二章から学ぼう。

（一）人口調査の命令　一章一〜一六節

共同体の形成にあたって人口調査が命令された。「イスラエルの人々の共同体全体の人口調査をしなさい。……兵役に就くことのできる二十歳以上の者を部隊に組んで登録しなさい」（二〜三節）、「部族ごとに一人ずつ出してあなたたちの助けをさせなさい」（四節）と言われる。なぜ二〇歳以上の男子だけなのか、なぜ兵役なのかという問いは一切ない。

ただ、長い旅に出るためには外敵と戦える者の人数を知ることが必要とされたのであろう。

（二）人口調査の実施　一七～一九節

神の命令を受けて人口調査が実施された。各部族の指導者が協力者として人数を数え登録した。何日かかってどの程度正確な調査が行なわれたのかは分からない。いずれにしてもイスラエルにおける公的な初めての人口調査である。

教会にも教勢という言葉がある。会員数と礼拝出席者数を中心とした教勢によって、当該教会の量的規模を知ることができるとされる。教勢は教会を知るバロメーターである。

イスラエルも旅に出るにあたって、人口調査を行った。

（三）人口調査の結果　二〇～四六節

人口調査の結果が一二部族ごとに記されている。次の通りである。

ルベン族	二〇歳以上の男子	四六，五〇〇人
シメオン族	二〇歳以上の男子	五九，三〇〇人
ガド族	二〇歳以上の男子	四五，六五〇人
ユダ族	二〇歳以上の男子	七四，六〇〇人
イサカル族	二〇歳以上の男子	五四，四〇〇人
ゼブルン族	二〇歳以上の男子	五七，四〇〇人
エフライム族	二〇歳以上の男子	四〇，五〇〇人

マナセ族	二〇歳以上の男子	三二，二〇〇人
ベニヤミン族	二〇歳以上の男子	三五，四〇〇人
ダン族	二〇歳以上の男子	六二，七〇〇人
アシェル族	二〇歳以上の男子	四一，五〇〇人
ナフタリ族	二〇歳以上の男子	五三，四〇〇人
一二部族合計		六〇三，五五〇人
総人口		約二，五〇〇，〇〇〇人

人口調査で得られた二〇歳以上の男子の数は六〇万三五五〇人である。これは戦争に出ることのできる人数なので、二〇歳以下の者、女性それと高齢の男性は含まれていない。そこで推定される全人口は二五〇万人である。この二五〇万人をめぐって種々の議論がある。まず、当時の状況を考えると「二五〇万人が荒野を四〇年間も旅することはありえない」という意見である。それでは「どれくらいの人数であれば可能か」というと、「せいぜい、五千人から六千人だ」とされている。この前提から二つの解釈が出されている。一つは「千」という文字がもともと「群れ」とか「家族」を意味したという解釈である。この解釈によると六〇万人は六千人に、二五〇万人は二万五千人となる。また、ヘブライ語の子音は数字を現したので、「この場合もそうではないか」という解釈もある。

（四）レビ人の務め　四七～五四節

人口調査にレビ人は入っていなかった。理由は述べられていない。ただし、レビ人に対しては「レビ人には掟の幕屋、その祭具および他の付属品にかかわる任務を与え、幕屋とすべての祭具の運搬と管理をさせ、幕屋の周囲に宿営させなさい」（一章五〇節）と命じられている。戦いに出なかったので、レビ人の人数は数えられなかったのかもしれない。あるいは、直接祭儀の職務にあたる者は数えられなかったのかもしれない。ただし、後にはレビ人の人数も数えられている（三章一四～二〇節）。

（五）旗のもとに　二章一～三一節

人口調査を終えると部族ごとに配置の命令が下された。

幕屋を中心にして、その周辺にはレビ人が配置される。幕屋の東にはユダ族のライオンの旗が立てられ、ユダ・イサカル・ゼブルンの各部族が配置される。西にはエフライムの牛の旗が立てられ、エフライム・ベニヤミン・マナセの各部族が配置される。北にはダンの鷲の旗が立てられ、ダン・アシェル・ナフタリの各部族が配置される。南にはルベンの人の顔の旗が立てられ、ルベン・ガド・シメオンの各部族が配置される。このような配置によって宿営して休み、整然と旅を続けた。

配置には二つの特色がある。第一は幕屋を中心とした点で、すべてをまとめ結ぶのが礼拝をする場所だった。これは「巡礼の旅にも似ている」と言われる。礼拝を中心に共同体をまとめ、神から与えられた約束の地を目指す。これが荒野の旅の本質だった。

もう一つの特色は「旗のもとに集まる」ことである。大きな目的を達成するためには、それぞれの部族に属し責任を担うことが必要であった。旗のもとに集まるのは「軍隊に似ている」と言われる。軍隊は戦いのために最も有効に最大限の力を発揮できるように組織されている。

イスラエルも一つの目的を達成するために共同体として軍隊のように行動することが求められていた。

（六）まとめ　三二～三四節

二章三二～三四節は「人口調査が行われたこと」、「部族ごとに数えられた人数のこと」、「旗に従って配置されたこと」を記して、一章と二章をまとめている。

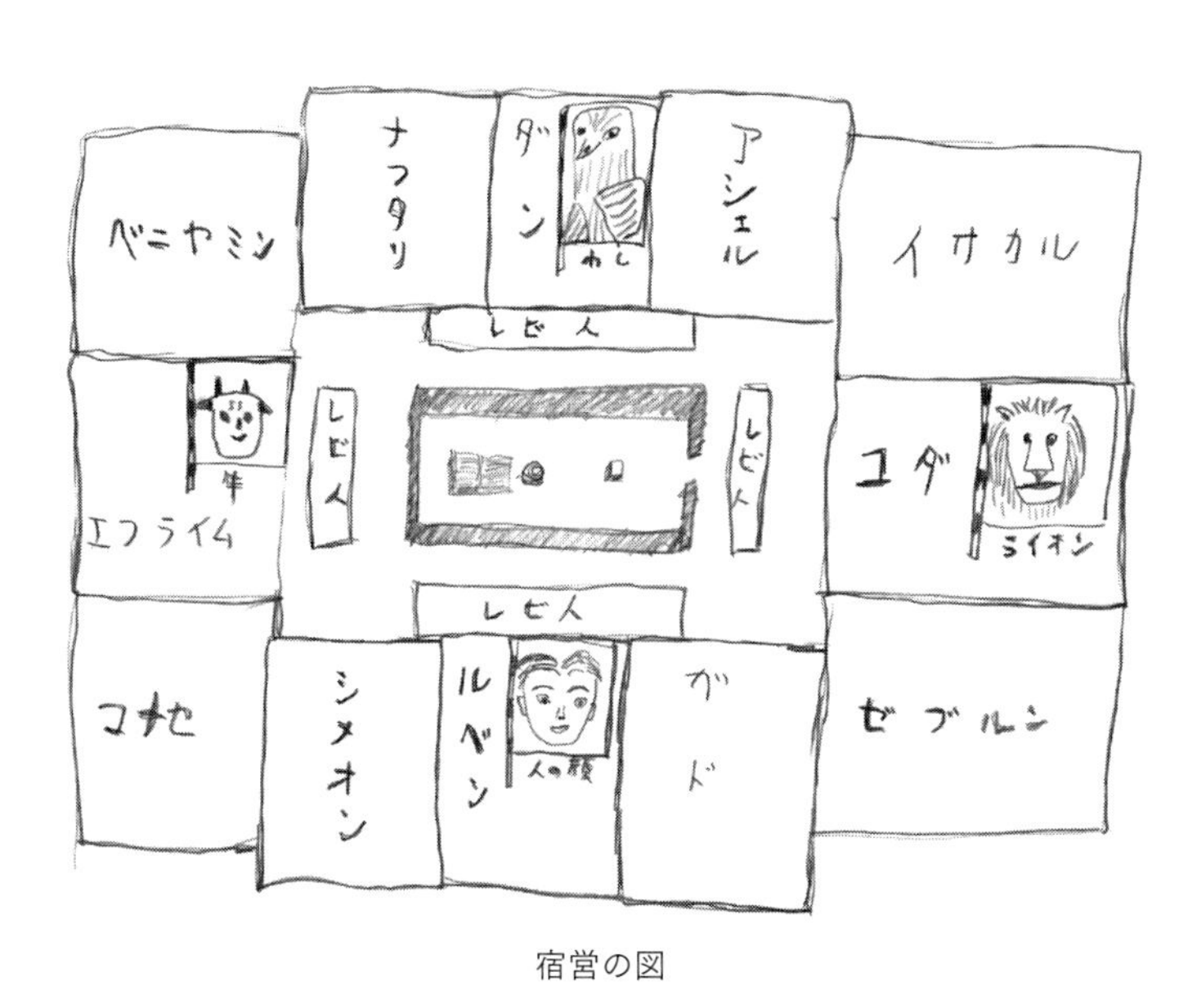

宿営の図

第三節　二つの徴

民数記一章～二章から学ぶことを整理しておこう。

(一)　共同体への必然

まず、共同体への必然である。荒野へと旅に出るにあたって、イスラエルには共同体への必然性があった。約束の地に到達するためには長い道のりを旅し、敵との戦いを初めとする多くの困難が予想された。だから、ばらばらであってはいけない。

教会も同様である。一人ひとりの魂の救いが強調される。もちろん、個人の救いは基本である。しかし、教会は共同体である。「御国を来たらせたまえ」との祈りを掲げて、荒野にも似た現実社会を生きていく。だから、ばらばらであってはいけない。教会にも共同体として必要な自覚と行動が求められている。

(二)　旗の意味

旗から具体的に学ぶことができる。旗は軍隊で用いられた。きびしい時にも整然と行動できるように旗は用いられた。

荒野の旅ではイスラエルにおいても旗が立てられていた。共同体として歩まなければならなかったからである。旗のもとに集まっている。それは目に見えるイスラエルの姿であった。

教会も同様である。地域社会の人々の目に見える姿で、共同体として教会は働いている。

（三）幕屋の意味

しかし、教会は共同体として統一した行動をとることに終わらない。それだけであったなら、キリストの教会とは言えないからである。

荒野の旅における幕屋の存在がなければならない。教会が教会であるためにはキリストへの信仰において一つとされ、「御国を来たらせたまえ」との祈りにおいて目標を共にしている事実が重要である。

そこで、幕屋とそのもとに部族が集まった旗という二つの徴から学ぶことができる。これらは地上を信仰共同体として歩む教会の意味を明らかにしている。

第四節　覚えましょう

（一）イスラエルの人々の共同体全体の人口調査をしなさい。　　民数記一章

イスラエル初めての人口調査である。対象は男子の二〇歳以上で、このような限定に抵抗を感じないわけではない。しかし、長年に及ぶ旅に出るためには共同体として整える必要があった。そのために実施された人口調査である。

（二）イスラエルの人々は、それぞれ家系の印を描いた旗を掲げて宿営する。

民数記二章

宿営の中心には幕屋があった。主に結ばれた共同体であったためである。その上で幕屋を囲んで部族のシンボルを描いた旗を掲げて宿営した。旅を続けるために共同体として整えるためである。

第二章　存在を通して語る　六章一～二一節

第一節　徴となった人々

(一) 共同体への課題

民数記のテーマは共同体であり、第一部（一章〜一〇章）は共同体の形成を扱っていた。四〇年に及ぶ荒野の旅に出かけるにあたり、主にある共同体の形成が課題となった。民数記の第一部は一章〜二章で人口調査と各部族の配置を記し、幕屋を中心とした一二部族の位置を定めていた。三章〜四章ではレビ人の人口調査を行ったうえで、彼らの職務を記していた。

このような各部族の人口調査と配置及び職務を描いた民数記一章〜四章は形式的なイスラエル共同体の規定だと言える。

そうだとすると、形式にふさわしい内容の規定が続かなければならない。それは主にある共同体の内容であるから、神の恵みを確認させるものでなければならない。

民数記五章〜九章一四節は、諸種の規定や部族指導者の献げ物を記している。それらは主にある共同体としての内実を保つために定められていた。その中にナジル人の規定（六章一〜二一節）がある。

(二) ナジル人と預言者

ナジル人はヘブライ語の「ナーザル」（分離する、聖別する）からきた言葉で、神の恵みを示すために神に選ばれた人及び請願を立ててナジル人とされた人がいた。

アモス書二章一一～一二節は、ナジル人を預言者と並べて記している。

一一　わたしはお前たちの中から預言者を
若者の中からナジル人を起こした。
イスラエルの人々よ、そうではないかと
主は言われる。
一二　しかし、お前たちはナジル人に酒を飲ませ
預言者に、預言するなと命じた。

神はイスラエルの中から預言者とナジル人を起こして職務を与えられる。預言者の使命は神から預かった言葉を人々に語ることだった。ナジル人にとっては節制を守る自らの存在を通して神の恵みを示すことであった。

(三) ナジル人の節制

ナジル人の節制について、聖書は三つを記している。

第一は「ぶどう酒を飲まない」節制である。イスラエルはカナンに定着して以降日常的にぶどう酒を飲んでいた。ナジル人であっても誓願を立てた期間を過ぎればぶどう酒を飲むことは許されていた。このようにぶどう酒を飲む習慣がある中で、ナジル人がぶどう酒を絶ったのは荒野の生活を想起させるためであ

る。イスラエルは荒野で主にある共同体として形成された。カナンの地に入って、豊かな生活を送る日々にあっても主の恵みを生きなければならない。カナンの地の豊かさの徴の一つがぶどうでありぶどう酒だった。そこで、ナジル人は荒野で与えられた主の恵みを示すためにぶどう酒を絶った。

第二の徴としてナジル人は髪の毛を切らなかった。髪の毛を切らないで伸びるままにしておくことは、ナジル人の徴だった。そもそも髪の毛には神の力が宿ると考えられていた。だから、ナジル人は髪の毛を切らないで神が与えて下さる力によって生きる人たちであった。

第三の節制は死体に近づかず、触れないことだった。たとえ両親であっても死体に近づくことは許されなかった。死体は汚れていると考えられていたためである。そこで、死体に近づかず、徹底して汚れから離れていることもナジル人の節制となった。

（四）二種類のナジル人

大別して二種類のナジル人がいた。

第一は生まれた時から死ぬまでに及ぶ終生のナジル人である。サムソン・サムエル・バプテスマのヨハネなどは終生のナジル人だった。聖書は終生のナジル人が神の力を受けて特別な働きをしたことを記している。彼らはナジル人としての節制を守り、自らの存在によって神の恵みを示した。その上で、神から選ばれた者として特別な働きをした。彼らはナジル人の見本のような存在であった。

第二は一定期間のナジル人である。期間としては最小単位が三〇日間であり、六〇日間とか一年間、あるいは七年間の場合もあった。彼らは自ら誓願をたててナジル人となった。それは献身と言ってもよい。

動機はさまざまだった。神の恵みを感謝してナジル人になった人もいるし、願を訴えるためになった人もいた。彼らはナジル人である期間は神の恵みを指し示す存在であった。

第二節　ナジル人の誓願

民数記六章一〜二一節の学びに入る。

(一) 誓願を立てる　一〜八節

一〜八節はナジル人となる誓願について記している。ところで、「誓願を立てる」のは人間である。人が心を定め、志を立て、誓願を立てる。ここでは神の選びよりも人間の決意が強調されている。イスラエル人は誰であっても決心によってナジル人となる道が開かれていた。

二〜四節にこのようにある。

彼はナジル人

二　イスラエルの人々に告げてこう言いなさい。
男であれ、女であれ、特別の誓願を立て、主に献身してナジル人となるならば、
三　ぶどう酒も濃い酒も断ち、ぶどう酒の酢も濃い酒の酢も飲まず、ぶどう液は一切飲んではならない。
またぶどうの実は、生であれ、干したものであれ食べてはならない。
四　ナジル人である期間中は、ぶどうの木からできるものはすべて、熟さない房も皮も食べてはならない。

二節に「男であれ、女であれ」とある。ナジル人となるのは男性に限られていなかった。女性のナジル人もいた。

一～八節で繰り返し使われている言葉は「聖別」である。ナジル人には「聖別された者」という意味がある。ナジル人の本質はこの「聖別」であった。神から聖別されることによって、神の恵みを示すのがナジル人の務めだった。ナジル人が聖別された者であるために三つの節制が記されている。ぶどう酒を絶つこと、髪の毛を切らないこと、死体に近づかないことの三つである。

このように節制を記した上で、八節で「ナジル人である期間中、その人は主にささげられた聖なる者である」と結ばれている。

(二) 汚れた場合　九～一二節

はからずもナジル人が汚れを受ける場合があった。そのような場合の規定（九～一二節）が記されてい

る。

身が汚れてから一週間待つ。一週間たった後に、ナジル人は髪の毛を切る。それはこれまでの期間が無効となった徴である。そして、八日目に贖いのための献げ物をする。それは小さな献げ物であった。この小さな献げ物によって汚れを清め、改めてナジル人となる日数を定めて、一歳の雄羊を賠償の献げ物として捧げる。こうして、再びナジル人としての生活が始められた。

ナジル人は徴となった人々である。それだけに厳しい節制と汚れを受けた時には厳格な規定が伴っていた。

(三) 誓願の成就　一三～二〇節

誓願の成就する日が来る。

終生のナジル人は違うが、一定期間のナジル人は誓いを立ててナジル人となった。したがって、誓願の成就する日が来る。その日には犠牲が捧げられる。儀式の中でナジル人は髪の毛を切り、和解の献げ物を火で燃やした。

儀式を終えると、その人は普通のイスラエル人に戻り、ぶどう酒を飲むことも許された。

(四) 結び　二一節

結びで「その人は誓願を立てたその誓願どおり、ナジル人であることの規定に従って行わなければならない」と確認している。

第三節　主の恵みを語る存在

ナジル人の定め（六章一〜二一節）から学んだ。ナジル人はイスラエルが神の恵みに生かされる共同体であるための徴となった人々である。教えられたことをまとめておきたい。

（一）状況を貫く信仰

まず、ナジル人が起こされた理由である。学者は「ナジル人の存在がイスラエルで重要になったのは荒野の時代ではなく、カナンに入り豊かな生活を送るようになった後であろう」と指摘する。

荒野の四〇年間にイスラエルは信仰共同体として訓練を受けた。その後、豊かな生活を送るようになる。生活が変わると、状況も変化する。そのような中でただ一つ、変わってはならない事柄があった。それはイスラエルが信仰共同体である真実である。

そのために一つの徴として立てられたのがナジル人だった。彼らに課せられた三つの節制がこの事情をよく語っている。ぶどう酒を飲まないことや髪の毛を切らないことは人々に荒野での生活、つまり信仰共同体として訓練を受けた原点を想起させた。

変化する状況を貫いて変わらない信仰共同体として歩んでいく、そのための一つの徴がナジル人である。

(二) 恵みを語る存在

第二に注目したいのはナジル人が存在をもって神の恵みを語っていた事実である。預言者は言葉で神の恵みを語った。神は預言者と並べてナジル人を置かれる。ナジル人は語らない。彼らは自分の存在をもって神を語った。

先日、ある求道者から伝道について指摘を受けた。

口で伝道、伝道と言わなければ人が来ないというのはまだ本物ではない。口やかましく言わなくとも、その人の存在を通して教会へ行ってみようと思わされる。それが本当の伝道ではないか。

「求道者だからこそ私たちキリスト者以上に大切なことが分かる」、そんなこともあるのだと教えられた指摘である。

(三) 献身の意味

さらに教えられる大切なことに私たちの献身がある。

終生のナジル人は神の選びだった。それに対して聖書は一定期間のナジル人の道が開かれていたと語っている。その人たちにとって大切なことはただ一つ、献身への決意である。

礼拝の献金の際に「これは献身の徴です」と祈っている。献金が献身の徴であるのと同様に私たちの存在も神の恵みを語る。それは立派な生活をするのではなく、神の恵みに生かされている幸いを通して語ることである。

そのように生きることを献身の意味として教えられる。

（四）存在と言葉

最後に存在と言葉について触れておきたい。

キリストにおいて存在と言葉は一つだった。存在を離れて言葉だけでは力がない。同様に言葉を離れて存在だけでも的確には伝わらない。

イエスは言われた。


わたしがあなたがたを愛したように、互いに愛し合いなさい。これがわたしの掟である。

ヨハネ福音書一五章一二節

まず、「わたしがあなたがたを愛した」事実がある。イエスの存在である。それを前提して「互いに愛し合いなさい」と教えられている。ここにイエスにあっては神の恵みを示す存在と言葉が一つとなっている真実を見る。

第四節　覚えましょう

㈢　ナジル人である期間中、その人は主にささげられた聖なる者である。
民数記六章

その人は自らの決意でナジル人となった。その間、その人たちは節制を守り、自分の存在を通して神の恵みを語った。神は私たちの決意を尊重して用いて下さる。

㈣　彼らがわたしの名をイスラエルの人々の上に置くとき、わたしは彼らを祝福するであろう。
民数記六章

祝祷のモデルとされている聖書の言葉（民数記六章二四～二六節）がある。それに続き言葉で祝福するならば、神はその言葉を用いて祝福を与えて下さると言われている。心して、祝福の言葉を受けとめる者でありたい。

第三章　導き手　九章一五節〜一〇章三六節

第一節　シナイ出発

（一）テキストの位置

エジプトを出立して三か月後にイスラエルは当面の目的地であるシナイに到着した。それから約一か月後に四〇年に及ぶ荒野の旅に出かける。シナイを出発する様子を伝えているのが民数記九章一五節～一〇章三六節である。

テキストを学ぶにあたって二つのつながりから位置を確認しておく。第一は連続性である。シナイ出発を描く民数記九章一五節～一〇章三六節は出来事としてはどこから連なっているのか。それは出エジプト記四〇章三四～三八節からである。出エジプト記のこの箇所は完成した幕屋に雲が満ちるとイスラエルはその地に留まり、雲が幕屋を離れると出発したと記している。雲を合図にした旅で、イスラエルのシナイ出発を描いているのが民数記九章一五節～一〇章三六節である。したがって、出来事として民数記九章一五節～一〇章三六節は出エジプト記四〇章から連続している。

それでは出エジプト記と民数記九章一五節との間にあるレビ記や民数記一章～九章一四節は何を記しているのか。それらはイスラエルがシナイに滞在した日々の様子である。ただし、その描写は漠然としたものではない。そこではイスラエルが神の共同体として整えられていく様子、民数記では特に荒野を旅していくために整えられていく様子を記していた。つまり、シナイ滞在の日々は荒野を旅するために必要な準備の時であった。

したがって、シナイ出発は出来事としては出エジプト記から続き、内容としてはレビ記及び民数記一章〜九章一四節と関わりがある。

（二）シナイにおける課題

シナイ出発という視点から、シナイにおける課題を学んでおきたい。

イスラエルのシナイ出発、それは四〇年に及ぶ荒野を旅していく信仰共同体の旅立ちであった。その姿にこの世を旅している教会のモデルを見ることができる。イスラエルは何よりも共同体であった。「私」ではなく、「我ら」であった。共同体として整えられ、行動しなければならなかった。その要にはエジプトから導き出された神がいる。彼らは神に対する信仰共同体であり、幕屋も祭司制度も犠牲の規定も信仰共同体として整えられるためにあった。

様々な制度によって整えられ、イスラエルは荒野へと旅立っていく。教会も同様である。キリストの教会は、社会にあってキリストを証し、時に社会と立場を異にし、キリストにある共同体として歩んでいかなければならない。

（三）シナイ出発の意味

荒野を旅していく体制が整うとイスラエルはシナイを旅立つ。シナイ出発にはどのような意味があるのか。

卒業には終わりという以上に新たな旅立ちという意味がある。卒業式において私たちは卒業証書を手にする。証書は学校における学びを収穫した徴である。学校における一切を学び終えると、新しい旅立ちが始まる。これが卒業式の意味である。イスラエルはシナイ滞在一か月後に出発した。それは卒業式にも似ている。彼らは神の民として学ぶべき事柄を学び終えて出発した。エジプトを出立した時にはばらばらの民だった。そんな彼らが神の共同体として整えられてシナイを出発する。

だから、シナイ出発はイスラエルが神の民として整えられていた現実を語っている。

第二節　主の命令と案内人

（一）主の命令によって―雲と火の徴―　九章一五～二三節

イスラエルのシナイ出発を記しているテキストから学ぶ。

ここで言われていることは二つある。一つは雲が幕屋を覆っている間、イスラエルはその地に留まった。けれども、幕屋から雲が昇るとイスラエルは進んでいった。雲は神の臨在の徴であった。雲が幕屋を覆ったというのは神がその所に留まっておられる徴である。雲が幕屋を昇ったのは神が幕屋を離れ先立って行かれる徴であった。雲は神の意向を語っていた。そこで、雲によって神の意向を聞きながら、「イスラエルの人々は主の命令によって旅立ち、主の命令によって宿営した」（九章一八節ａ）。

大切なことは道具であった「雲」ではなく、「主の命令」である。イスラエルは「主の命令」に従って荒野を旅した。荒野の旅の本質は主の導きによる。

(二) ラッパの合図　一〇章一〜一〇節

次いでラッパの合図である。

ラッパの合図は三種類、記されている。会衆の召集にはラッパが二度吹かれた。部族の長の召集には一度である。出発の合図は短く、鋭く、断続して吹かれた。これは警報である。カナンに定着した後の戦いの合図も同じ警報だった。さらに、犠牲を捧げる喜びの日にもラッパが吹かれた。人々はラッパを聞くと「主に覚えられている」と思った。召集にしても、出発にしても、戦いにしても、犠牲の日にしても、ラッパの音は主の守りの徴であった。

しかし、ラッパを吹いたのは人間である。雲が幕屋を覆い、幕屋を離れたのは神の働きだった。それに対して、ラッパは人によって吹かれ、ラッパの音に人々は神の守りを思った。

(三) 共同体の出発　一一〜二八節

雲の徴とラッパの合図を語った後に、シナイを出発した様子が伝えられている。イスラエルはエジプトを出立した翌年の二月二〇日にシナイを出発した。それは共同体として整えられた旅立ちだった。

まず、東に宿営していたユダ・イサカル・ゼブルンの部族が先頭に立つ。それから、幕屋が取り外されて運ばれる。次に南に宿営していたルベン・シメオン・ガドの部族が続き、さらに幕屋の聖なる物が運ばれる。その後に西に宿営していたエフライム・ベニヤミン・マナセの部族が旅立つ。最後が北に宿営していたダン・アシェル・ナフタリの部族である。

こうして、イスラエルは共同体として秩序正しくシナイを出発した。

（四）案内人　ホバブ　二九〜三二節

旅の出発に関するもう一つの課題が語られている。荒野の旅の道案内人についてである。一〇章二九節に案内人として「義兄に当たるミディアン人レウエルの子ホバブ」の名前が出ている。モーセはホバブに荒野の旅の道案内を頼んでいる。

ところで、ホバブとは誰なのかという問題がある。出エジプト記二章一八節によるとミディアン人の祭司の娘たちの父がレウエルであり、出エジプト記三章一節によるとエトロはモーセのしゅうとである。さらに民数記一〇章二九節によるとホバブはレウエルの子である。そこで、テキストに混乱があることを認めたうえで、ホバブとはエトロの別名であるとする解釈がある。

もう一つの課題はホバブが依頼を引き受けたのかどうかである。「引き受けなかった」とする学者がいる。それは「主の契約の箱は……彼らの先頭に進み、彼らの休む場所を探した」（一〇章三三節）からである。それに対して「引き受けた」という考えもある。カナンに定着した後にホバブの子孫がカナンにいたからである。彼はおそらく二度目の申し出に対して引き受けた。

そこで、人の案内人と神の導きがどう関係しているのか。テキストは両者の関係をめぐって混乱している。いずれにしても旅の案内人としてホバブが登場する。彼はミディアン人であった。

（五）先立つ主の契約の箱　三三〜三六節

ホバブが旅の案内人として同行する。しかし、それだけでは終わっていない。ホバブに対して主の契約の箱が出てくるからである。

民数記一〇章三三節はこのように記している。

人々は主の山を旅立ち、三日の道のりを進んだ。主の契約の箱はこの三日の道のりを彼らの先頭に進み、彼らの休む場所を探した。

それだけではない。旅で出会う敵に対しても主の契約の箱が進むと、モーセは「主よ、立ち上がってください」と言い、留まると「主よ、帰って来てください」と言った（三五〜三六節）。荒野の旅路は主が導かれた旅であったと主の契約の箱は語っている。

（六）主の命令と案内人

このように見てくると、イスラエルのシナイ出発後の導きには神と人の働きとの双方が入り混じっていたことが分かる。整理しておきたい。

A　①主の命令によって（九章一五〜二三節）　神の合図
B　②ラッパの合図（一〇章一〜一〇節）　人の合図
C　③イスラエル共同体の出発（一一〜二八節）　出発
D　④案内人ホバブ（二九〜三二節）　人の案内
E　⑤先立つ主の契約の箱（三三〜三六節）　神の案内

神と人の働きが入り交ざっているが、それらはA・B・C・D・Eという構造の下に置かれている。それらの頂点はCで、イスラエルのシナイ出発の出来事を記している。Cを中心としてAとEは神の働き、BとDは人の働きを描いている。要するにシナイ出発には神と人の働きの双方が必要であった。

いずれにしても、荒野の旅路には案内が必要で、案内人に信頼が置けるから旅を続けることができた。共同体の旅であれば、案内人の重要性はなおさらである。それでは、案内人とは誰であったのか。それは神なのか、人なのか。人と神なのか。人と神とすれば、両者はどのように関係していたのか。

第三節　導き手をめぐって

(一) 導き手

シナイ出発における信仰共同体にとって最後の課題として導き手がいた。まとめておきたい。

案内人ホバブ

まず、導き手とは全面的な信頼を寄せられていた対象である。旅の安全と安心は導き手の確かさによって与えられたからである。私たちにしても安心して信仰の旅路を歩めるのは信頼できる導き手を与えられているからに違いない。

しかし、導き手とは神なのか、人なのか。両者の関係はどのようになっているのか。

（二）案内人の役割

まず、人の案内人についてである。

イスラエルが荒野の旅路を続けていくためには事情に通じた案内人が必要であった。信仰共同体として整えられていたとしても、現実には人の導き手が必要である。私たちの人生にも導き手が必要である。導き手は人生の決め手ですらある。

だから、案内人を選び良い関係を保つことは、荒野の旅をつづけるイスラエルにとって重要であった。

（三）主の導き

しかし、人の導きがすべてではない。人の導きと神の導きが並列されているが、両者には重層的な構造がある。すなわち、神の導きの中に人の導きも含まれている。

だから、人が吹くラッパの合図に人々は神の守りを感じていた。荒野を実際に導いたのは人の案内人である。けれども、それらを含めて聖書は「主の契約の箱が導いた」と言っている。これは信仰の告白である。荒野の旅路は主の導きによるという信仰の告白である。

このように神の導きに信頼を寄せ、良き案内人を与えられて、イスラエルはシナイを出発した。教会も案内人を与えられ、信仰の旅路を続ける。それら一切は神の恵みの内にある。

第四節　覚えましょう

（五）彼らは主の命令によって宿営し、主の命令によって旅立った。

民数記九章

シナイを出発したイスラエルは主の導きによって荒野を旅した。「主の命令によって」という信仰が荒野の旅路の基本的な特質を物語っている。キリスト者の信仰生活も同様で、主の導きにあると信じるところに安心がある。

（六）あなたは、荒れ野のどこに天幕を張ればよいか、よくご存知です。わたしたちの目となって下さい。

民数記一〇章

現実の旅路には荒れ野の事情をよく知った道案内人が必要であった。私たちの人生においても道案内人が重要な役割を果たしている。

第四章　貪欲とその克服　一一章

第一節　第二部「共同体の歩み」における課題

（一）第二部「共同体の歩み」の構成

民数記のテーマは「共同体」である。荒野を旅するためにイスラエルは共同体として整えられねばならなかった。そこで民数記の第一部（一章～一〇章）では人口調査を行い、各部族の配置を決め、カナンに向けてイスラエルは整然と出発した。

しかし、共同体が抱える問題は歩みの中で現れてくる。「生きる」とは「歩む」ことである。与えられた目標を目指し、課題に取り組んで歩む。歩みを続ける中で不一致や弱さ、欠点が次々と現れてくる。

民数記第二部（一一章～二〇章一三節）はシナイ出発からカナン到着までの旅路を舞台としているが、描き出しているのは主として旅路で生じた問題である。まず、構成を見ておきたい。

① 荒野における民の不満　一一章一～三四節

民は理由もなく不満を言った。そんな民に神はどのように応えられたのか。第二部はまず民の不満を扱っている。

② ミリアムとアロンの反抗　一一章三五節～一二章

モーセの姉ミリアムと兄アロンのモーセに対する反抗を記している。

③ カナン偵察と民の不平　一三章～一四章

約束の地カナンを偵察したが、イスラエルの民は怖気づいてしまう。その時、民は主への信頼を失っていた。

④　祭儀の規定　一五章
祭儀の規定を記している。

⑤　コラ・ダタン・アビラムの反逆　一六章
モーセに対する反逆と結果を記している。

⑥　アロンの杖　一七章一～二六節
民のつぶやきを収めるため神の徴が示される。アロンの杖が芽を吹き、つぼみを付け、花を咲かせ、アーモンドの実を結んでいた。

⑦　祭司とレビ人の義務と権利　一七章二七節～一八章
祭司とレビ人の義務と権利を記している。

⑧　清めの水　一九章
清めに関する規定を記している。

⑨　メリバの水　二〇章一～一三節
水がなく乾いた民はモーセに迫る。神は杖をとり、岩に命じて水を出すようにと言われた。それに対してモーセは岩を打って水を出した。命令通りに行わなかったことが、モーセの罪となる。

（二）三つの課題

第二部「共同体の歩み」（一一章～二〇章一三節）は四〇年に及ぶ荒野の旅路で発生した深刻な問題を描き出していた。それらは様々な時に生じたが、およそ三つのタイプに分類できる。

第一はつぶやきである。「①荒野における民の不満」、「⑨メリバの水」がそれである。民は時に理由もなく不満を言い、時に渇いてつぶやいた。つぶやきは感染する。一人がつぶやくと他の者もつぶやいた。しかも、つぶやきにはモーセへの不平不満があった。

第二は指導者モーセへの反抗で、「②ミリアムとアロンの反抗」、「⑤コラ・ダタン・アビラムの反逆」がある。反抗あるいは反逆したのはいずれも指導者で、その主張にも根拠があるように思われた。彼らは「主はモーセを通してのみ語られるのだろうか」、「我々を通しても語られるのではないだろうか」と主張した。しかし、そこには神によって立てられた指導者モーセに対する敬意がなく、彼を支えようとする姿勢もなかった。

第三は「③カナン偵察と民の不平」でカナン偵察後の出来事である。カナンの地を偵察した後に多くの人々は怖気づき、イスラエル全体が戸惑いと迷いの中に突き落とされた。その時のイスラエルには神に聞き信頼する信仰が欠けていた。神が命じ、導き、約束された地であるから、神がふさわしく与えて下さるはずである。しかし、怯える中で神への信頼から外れていった。

（三）課題とその克服

第二部「共同体の歩み」が描いていたのは荒野の旅路における共同体の問題である。

あの時、彼らの弱さが顕わになっていた。それは情けなく頼りない姿である。だから、共同体の歩みから人間の弱さを知ることができる。ところで、荒野の旅路で顕わにされたイスラエルの弱さは私たちの弱さでもある。だから、民数記第二部から私たちの問題を学ぶことができる。

それだけではない。民数記第二部はイスラエルの問題だけでなく、それらがどのように克服されたのかも記している。この点が重要である。「共同体の歩み」における問題をさらけ出すだけでなく、いかにして問題が克服されたのか。克服する力とは何であり、いかにしてその力に生かされたのかも描き出している。

荒野における四〇年の旅路は信仰の訓練を受けた時として想起されている。あの時、イスラエルは欠けのある姿を顕わにして訓練を受けた。だからこそ、後々の人々に信仰の訓練とは何なのかを教える旅路となった。

第二節　荒野における民の不満

民数記一一章一～三四節は第二部「共同体の歩み」の初めに置かれていて、不満を言い、泣く民を描いている。このような記述には四〇年に及ぶ荒野の旅への予兆がある。

(一) 不満ととりなし　一～三節

小さなまとまりを持った出来事を一～三節は記している。荒野の旅を始めて間もなくのこと、「民は主の耳に達するほど、激しく不満を言った」（一節a）。

災難など起こっていない。エジプトから解放され主にある民として人々は「共同体の歩み」を始めていた。その時になぜか、民は「不満を言った」。しかも、「主の耳に達するほど、激しく不満を言った」。およそ不平不満とはそうしたものである。理由も根拠もない。何もないのにあたかも大変なことが起こっているかのようにつぶやいた。すると、このつぶやきは共同体全体に広がっていく。

主は民の不満を怒り、主の火によって宿営の一部を焼かれた。学者にはこの「火」を「雷が落ちたこと」と考えている者がある。いずれにしても不平を焼き尽くそうとする神の怒りが「火」に表現されている。

怒りを鎮めたのはモーセのとりなしの祈りである。

（二）泣きごと　四～六節

四節に入る。四節から六節まではまとまりを持った物語となっている。

事の起こりは食事に対する不平である。民は泣いて「誰か肉を食べさせてくれないものか。エジプトでは魚をただで食べていたし、きゅうりやメロン、葱や玉葱やにんにくが忘れられない。今では、わたしたちの唾は干上がり、どこを見回してもマナばかりで、何もない」（四節b～六節）と不平を言った。不平から出た彼らの要求は聞くべきだろうか。一つだけ確かなことは神が与えて下さったマナに対する感謝がないことである。

神は人々の不満から出た要求を直ちに避けたり否定をしないで応えておられる。

（三）マナ　七〜九節

七〜九節にマナの説明が入っている。

ここにおける説明はマナが優れた食事で、民の不満には根拠がないことを示している。だから、民は不平不満にとらわれるのではなく、神から与えられるマナによって霊肉共に養われるべきだった。

さて、マナは「コエンドロの種のようで」とある。コエンドロの種は直径が三ミリほどの小さな卵型をしている。色は「琥珀の類のよう」とあるから黄色であった。シナイでは今もマナと呼ばれる食物がある。ここでは「夜、…マナも降った」と記している。

（四）モーセの抗議　一〇〜一五節

神ではなく、モーセに向けられた「誰か肉を食べさせてくれないものか」という民の要求を彼は不快に思った。そこで、モーセは「わたしがこの民すべてをはらみ、わたしが彼らを生んだのでしょうか。…この民すべてに食べさせる肉をどこで見つければよいのでしょうか」（一二〜一三節）と抗議している。

この箇所には旧約聖書で珍しい表現がある。抗議する際にモーセは「神はイスラエルに対して母のような存在である」と前提している。だから、神は養い、導かれる。しかし、「わたしはそうではない」とモーセは言う。そうではないにもかかわらず、なぜ多くの民の世話をしなければならないのか。それはあまりにも大きな重荷であり、それならば「どうかむしろ、殺してください」とモーセは抗議し訴えている。

モーセの言葉は極めて人間的な表現をとっている。

（五）神の答え　一六〜二三節

主はモーセの抗議を聞かれる。それは不快な思いからの投げやりな言葉であったが、主はモーセの訴えを聞かれた。

神の答えの第一は重荷を分け合う者を七〇人与えることだった。今は民の不満がモーセ一人に集中している。だから、民の不平が泣きごとになる事態に一人では耐えられない。そこで、モーセに与えたのと同じ霊を七〇人に与え、モーセを支えさせる。これが第一の答えであった。

併せて、民に肉を与えるからその前の日に「自分自身を聖別しなさい」と命じられる。食事は信仰とは関係がないように思われる。しかし、今回の肉に関しては与えられる前にまず身を清めなさい、そうして後に預かりなさいと言われる。それは肉が主の恵みとして感謝して受け取るべき性格を帯びていたことを示している。

（六）霊の分与　二四〜三〇節

約束通り幕屋の周囲に立っていた人々に霊が与えられる。それは神がモーセに注がれたのと同じ霊であった。

創造の初めに象徴的に語られていたように、それによって人間が生き、それによって人間が神の器とされる。それが霊である。

ところが、一つの問題が起こる。みんなが幕屋の周辺で霊を預かったのに、幕屋には行かないで宿営の外で霊を受けた者が二人いた。ヨシュアはそれを聞き、いけないと思った。しかし、モーセは違った。神の霊はどこで受けようとそれは良いことだと判断した。

（七）貪欲の墓　三一〜三四節

神のもう一つの答えが記されている。

約束通りに神は肉を与えられる。うずらが飛んできて宿営の周辺に落ちた。民は難なくうずらを集め、乾かし、毎日食べた。

その時、神は怒りを発せられた。そのため、民の内に激しい疫病が起こる。亡くなった人の墓にはキブロト・ハタアワ（貪欲の墓）と記された。人々は亡くなった人に神の怒りを思った。初めの貪欲に対してはそれを良しとして神は答えられた。その際に「自分自身を聖別」し、神に対してふさわしく食べるようにと指示があった。それにもかかわらずなお貪欲にとらわれていた人々に対して神は怒りを発せられた。

キブロト・ハタアワ（貪欲の墓）

第三節　貪欲の罪とその克服

（一）貪欲の罪

「おいしいものを食べたい」のは人間の自然な要求である。しかし、日常的なこの要求に対して節度を持つことが求められている。節度を越えて求める時、何かが狂ってしまう。

民数記一一章が描く貪欲の罪には理由がない。しいて言えば、自然な欲求がなぜかコントロールを失った。セルフコントロールはまず自分との関わりに求められる。自分らしくふさわしく生きるためである。次いで、人々との関わりにおいて求められ、神との関係においても重要な事柄となっている。ところが、要求がコントロールを失わせると、それが貪欲の罪となる。

貪欲は何故か、民の間に広がっていった。多くの人々もコントロールを失って貪欲の虜となった。そこで、民は罪へと陥っていった。貪欲から生じた罪である。

罪とは神との関わりから的を外すことである。貪欲な思いに囚われた時に人々は神とのあるべき関わりから外れ、罪の状態へと落ち込んでいった。

（二）正当な抗議

民が貪欲によって神から離れていったのに対して、正当と認められた抗議も記されている。モーセが神に訴えた抗議である。

民の要求に対して不快な思いを持ったモーセは神に対して抗議した。ところが、この行為は罪とはされずに正当な抗議として受けとめられた。なぜか。モーセの心の内にも不平不満が満ちていた。その状態は民と同様である。しかし、貪欲から民が神から離れていったのに対して、モーセは神に向かった。ここに決定的な違いがある。

モーセが不平不満を神に向けて訴えた時に、神はモーセの求めを受け入れられた。神はあるがままの訴えを受け入れて下さる。だから、大切なことはどのような時にも神から的を外さないことなのである。

（三）神の応答

「おいしいものを食べたい」という民の欲求に神は答えられる。人間の自然な求めを尊重し、人を生かす神がここに描かれている。

ただし神は「自分自身を聖別しなさい」と霊的に応えられた。食べることは日常生活である。しかし、神との関わりを生きる者にとってこの日常生活も神の恵みの内におかれている。だから、感謝していただくことがふさわしい。

イエスは主の祈りにおいて「私たちに必要な糧を今日も与えて下さい」（マタイ福音書六章一一節）と教えておられる。信仰者にとって食べることも霊的な事柄なのである。

（四）神の裁き

ところが、貪欲の虜となった民は神の大切な指示を忘れてしまう。

赤裸々な人間の姿がここには描き出されている。うずらは神から与えられた賜物であった。ところが、うずらを集め、干し、日ごとに食べるうちに、肉への貪欲が民の心を支配した。貪欲は神への感謝から民の心を引き離した。貪欲に囚われた民に神の裁きが下される。「主は民に対して憤りを発し、激しい疫病で民を打たれた。そのためその場所は、キブロト・ハタアワ（貪欲の墓）と呼ばれている」（三三〜三四節）。神の裁きは貪欲の恐ろしさを伝える物語となっている。

第四節　覚えましょう

（七）民は主の耳に達するほど、激しく不満を言った。

民数記一一章

ありもしないことを現実であるかのように思いこませる。不平の力がここに働いている。だから、民は激しく不満を言った。不平不満に囚われた者のすぐそこに罪は近づいている。

（八）あなたに授けてある霊の一部を取って、彼らに授ける。

民数記一一章

モーセに与えられていた霊の一部を神は七〇人の長老に与えられた。彼らがモーセの重荷を共に担うためである。神の出来事を共に担うために私たちも霊的に整えられる。

第五章　信仰共同体を支える目標　一三章～一四章

第一節　目標とは何か

（一）問われる目標

イスラエルが荒野の旅を始めて間もなくのこと、神はパランに宿営していたモーセに命じられた。「人を遣わして、わたしがイスラエルの人々に与えようとしているカナンの土地を偵察させなさい」（一三章二節a）。カナンの土地偵察を命じられたのは事前に調べておき、その後に「指示を与えよう」とされる神の意図であったと思われる。

ところが、カナンを偵察した人たちの報告を受けて、イスラエルは動揺した。そして、口々に「それくらいなら、エジプトに引き返した方がましだ」（一四章三節b）、「さあ、一人の頭を立てて、エジプトへ帰ろう」（四節b）と言い出した。あれだけ神の恵みをいただいてエジプトを脱出し、恵みの内に荒野を旅していた人々が約束の地の報告を受けて動揺した。

問題はなぜイスラエルの人々が動揺したのかであり、問われているのは「何が彼らを動揺させたのか」である。彼らがエジプトから望みを持って出立できたのは目標があったからであり、共同体として荒野の旅を続けることができたのも目標を共有していたからに違いない。

ところが今、その目標が失われようとしている。目標を達成するための自信も失っている。そこに民の激しい動揺があった。

(二) 目標とは何か

そこで、目標とは何なのか。なぜ目標を失うと人々は動揺したのかを考えなければならない。

まず、目標は前方に設定される。現在から未来に向けて設定されるが、今の時と無関係ではない。目標は緊密に今と関係している。現在と切り離すならば、それは目標でも何でもない。なぜなら、目標を目指して今の歩みを進めるからである。

目標には喜びがあり、それに向けて力を注いで良かったと言える何かがある。同時に目標は現実的でなければならない。さらに一歩私たちを高めると共に、手の届かないものは目標とならない。次いで、目標に向けて歩む主体が問われる。目標を目指す者には意欲と力量が必要とされるからである。目標に意味を感じ、目標の達成に喜びを感じるならば、それが生きる意味となる。

目標への歩みに人生の意味があるとすれば、目標の喪失は人生の中身を失うことに通じる。そこに目標を失った者の動揺があった。

(三) キリスト教信仰における目標の特質

目標を目指す生き方はキリスト教信仰と密接に関わっている。そこで、キリスト教信仰にける目標の特質を見ておきたい。

まず、信仰における目標は一義的に人間が設定するのではない。もちろん、私たちも人生においていくつもの目標を設定している。しかしそれらの前提となる大きな目標は神から与えられた約束である。神は「天の御国」を約束として与え、「天に宝を積むこと」が生き方として示されている。だから、信仰者は「御国を来たらせたまえ」と祈りつつ生活する。

信仰は天の御国を約束として与えられた者の神への応答である。キリスト者は神の恵みに応えて生涯を送る。信仰をもって応答するところに、神と信仰者との交わりが生まれる。神は約束をもって語りかけ、キリスト者は喜びをもって約束に応えていく。ここに信仰者の生き方が生まれてくる。

キリスト教信仰における目標が生み出す特質の一つに共同体の成立がある。私たちは自分の足で天の御国を目指して歩んでいるが、それは共同体の一員としてという側面を持つ。神の約束を受け、目標を目指す歩みは一人でできるものではない。神の約束は歴史を貫く共同体によって担われ実現されていく。キリスト者は神のみ旨に応える一員として共同体にも仕えている。このようにして仕える人が集められ、信仰の共同体が成立する。

第二節 「約束の地」の偵察

(一) 偵察者の召集とモーセの指示 一三章一～二四節

約束の地を偵察するにあたり、偵察する者が招集された。注意すべき点がある。

まず、偵察は神の命令である。カナンの地を与えると約束された神が責任を果たすべく偵察を命じられている。次いで、一二部族から一人ずつ部族の長である人々が選ばれた。その中に「ユダ族では、エフネの子カレブ」(六節a)が、「エフライム族では、ヌンの子ホシェア」(八節)がいた。なお、「モーセはヌンの子ホシェアをヨシュアと呼んだ」（一六節b）。

　神から命じられた事柄をモーセは忠実に偵察者たちに指示している。なお、モーセの指示では「ネゲブに上り、更に山を登って行き」（一七節b）とある。ネゲブはカナンの地の南の端に位置する。つまりモーセは南の端にある山々を登り、偵察してくるように指示している。それに対して偵察は「ツィンの荒れ野からレボ・ハマトに近いレホブまでの土地」（二一節）、つまりカナンの全領域に及んでいる。

　このような相違は資料の違いから来ていると考えられている。

（二）報告と動揺　二五〜三三節

　一二人の偵察者は四〇日間カナンの地を偵察した後にモーセと全会衆に報告している。彼らはまず「そこは乳と蜜の流れる所でした」（二七節b）と報告する。つまり、神が約束された通り「乳と蜜の流れる素晴らしい土地」に違いはなかった。ところが、彼らは言葉を継いで言った。「しかし、その土地の住民は強く、町という町は城壁に囲まれ、大層大きく、しかもアナク人の子孫さえ見かけました」（二八節）。つまり、「とても私たちが相手にできる人々ではなかった」と言うのである。

ただし、偵察者の見方が一致していたわけではない。カレブは「断然上って行くべきです。そこを占領しましょう。必ず勝てます」（三〇節b）と進言した。神への信仰に立った進言である。

　ところがカレブの発言は反感を買い、他の偵察者たちは「いや、あの民に向かって上って行くのは不可能だ。彼らは我々よりも強い」（三一節b）と反対した。さらに、約束の地について悪い噂が流される。なぜ、多くの部族の長たちは悪く言いふらしたのか。それは動揺から来ていた。さらにカレブに対する反感もあった。

いずれにしても、部族の長たちの言葉の内には神の約束がすっかり忘れられている。神の約束を忘れ、動揺から広められた噂は混乱の元となった。

(三) 民の動揺と神の怒り　一四章一〜一二節

悪い噂を聞いた民はすっかり動揺してしまう。彼らはカナンを目指し喜びに満ちて歩んできていた。ところが、動揺したために目標を見失っていた。そこで、「さあ、一人の頭を立てて、エジプトへ帰ろう」(四節b)と互いに言い始めた。それは神の約束から外れた勝手な思いの言葉だった。

そこで、ヌンの子ヨシュアとエフネの子カレブが民に対して信仰に立ち帰ることを勧めた。ところが、彼らは聞く耳を持たないばかりかヨシュアとカレブを「石で打ち殺せ」(一〇節)と言い出した。

民に対して神は激しく怒られる。神は民が不信仰だと責められる。それは「神を侮り」、「すべてのしるしを無視し」、「神を信じない」(一一節)ゆえである。

そこで、動揺する民を「疫病で撃ち」、「彼らを捨て」よう(一二節)と言われる。

(四) モーセのとりなしと裁き　一三〜三八節

神の怒りの前にあってモーセはイスラエルをとりなす。

モーセに敵対し、彼に従わない民だった。それでもなお、モーセはイスラエルの民の立場に立って彼らのためにとりなす。神の名誉のために神の言葉とその大きな慈しみを根拠としたとりなしだった。モーセのとりなしがイスラエルを救う。

　赦しと同時に不信の民に対する裁きも告げられる。それは四〇年にわたって荒野を旅しなければならないこと、カレブとヨシュア以外は約束の地を踏むことは出来ないという裁きであった。

（五）敗戦　三九〜四五節

　神の怒りと裁きを聞いた民は非常に悲しんだ。しかし、彼らは悔い改めるのではなく、約束の地へと攻め上った。神の言葉に従ってではなく、自分勝手に攻め込んだ。

　それは何の目標もなく、支えもない勝手な行動であった。彼らは散々に打ち破られてしまう。

敗戦

第三節　共同体を支える目標

（一）目標の喪失とは何であったか

テキストは目標を喪失した人々を描き出していた。彼らにとって目標の喪失とは何であったのか。それを神は不信仰だと言われる。あれほど繰り返し神の恵みを示していたにもかかわらず、不信仰のゆえに目標を喪失したと言われる。確かに目標の喪失は不信仰から来ていた。

それでは、その不信仰はどこから来たのか。それは相手に目を奪われた現実からである。相手に目を奪われてしまった時に、彼らを導いてきた目標は失われていた。そして、目標とは関わりなく重要な判断を下していた。

（二）なぜ、目標を失ったのか

彼らはなぜ目標を失ってしまったのか。

「エジプトに帰ろう」、「隷属生活に帰ろう」と叫んだ時、発言への責任がなく、彼らを支えてきた神の恵みに立つこともなかった。

それは主体の放棄であり、神の約束に応えてきた生き方の喪失でもある。そこにおいて彼らを導いてきた目標が失われていた。

（三）目標に通じるもの

喪失すると共同体が崩壊してしまう目標とは何なのか。

目標が生きていた時、彼らは神との関係を生きていた。神は恵みを示し、民はその恵みを生きていた。そこにおいて神と民との応答関係は成立していた。目標を介して両者の関係が成り立っていた。したがって、目標を失うと両者の関係までもが失われた。

（四）信仰共同体を支える目標

信仰共同体を支える目標がある。神が与え、それによって信仰共同体が支えられて歩む目標である。だから、目標が失われると共同体も崩壊していく。

その現実は現代の教会においても同様である。教会は一つの目標で結ばれ、形成される共同体である。だから、大きな目標を掲げつつ、具体的な目標を見上げて共に歩む。

目標は現代の教会においても重要な課題に違いない。

第四節　覚えましょう

（九）さあ、一人の頭を立てて、エジプトへ帰ろう。　民数記一四章目標を見失ったイスラエルの民は動揺する中から、隷属した生活への回帰を望んだ。それは自由も主体も信仰もない、すなわち人間性のない生き方だった。生きた目標を失うことにより人間はたやすく隷属した生活へと堕ちていく。

（一〇）もし、我々が主の御心に適うなら、主は我々をあの土地に導き入れ、あの乳と蜜の流れる土地を与えてくださるであろう。

民数記一四章

信仰の言葉である。カレブとヨシュアは多くの民が動揺する中にあって、神への信仰と与えられた目標を持ち続けていた。神に期待する言葉は神の約束に応答していた。

第六章　指導者の条件　一六章

第一節　第三の課題

(一) 指導者をめぐって

民数記一一章~二〇章一三節は民数記の第二部になる。ここに描かれているのは四〇年に及ぶ荒野の旅における出来事である。約束の地に向けた長い道のりでイスラエルは共同体として整えられた。しかし同時に彼らは様々な課題と出会っている。

荒野で出会った第一の課題は民のつぶやきであった。誰かが不平をつぶやくと、それはイスラエルに広がった。彼らは不平不満を抱きながら、モーセに詰め寄った。第二の課題は神の約束への失望がもたらした危機である。各部族の代表が偵察し失望すると、それは民に広がった。荒野における目標の喪失はイスラエルの基盤を揺り動かす危機となった。

次いで、第三の課題が起こった。これは一二章でもミリアムとアロンの反抗として記されていた。それが一六章ではさらに大掛かりになり、有力者が手を組んで反抗した。すなわち、モーセとアロンに対する指導権をめぐる争いである。彼らはイスラエルの有力者であり、「なぜ、モーセとアロンだけが人々の上に立つのか」と主張した。

すると、民の多くは心情的に反抗者を支持した。そのために、モーセとアロンは孤立し、彼らの指導者としての根拠が問われた。

（二）聖書における指導者

聖書における指導者とはどのような存在か。指導者には大別して、宗教的・政治的・教育的指導者がいた。

宗教的指導者は祭司とレビ人に代表される。彼らは、神とイスラエルの間に立って祭儀の責任を負い、人々のとりなしをした。政治的指導者を代表したのは王であるが、イスラエルには「主こそ王である」という一貫した信仰があった。そこで王は神から立てられ民を治める権威を授けられると同時に、神に対しては人々を代表する立場にいた。イスラエルにおける教育は信仰の継承を基本とした。そこで、家庭における父と母が誰よりも教育的指導者だった。両親は家族を神の信仰へと導き、尊敬された。預言者についても同様のことが言える。彼らの主たる使命はイスラエルの民を神へと立ち帰らせることにあった。そのために預言者は真実を込めて民に語り続けた。

ところが、聖書は預言者と共に偽預言者の存在を語っている。偽預言者とは誰であり、彼らは何を語ったのか。偽預言者は人々に心地良い言葉を語った。その言葉はなめらかでイスラエルに広く受け入れられた。しかし、彼らは偽預言者であって、預言者ではなかった。彼らは神に立てられたのではなく、神の心に適う言葉を語っていたのでもない。神に立てられた預言者の使命は何よりも神の言葉を語ることであった。神の言葉はしばしば厳しく、神から離れた人々に対しては悔い改めを迫った。だから、預言者は必ずしも人々から受け入れられたわけではない。それでも、聖書は神にある真実を語り警告した人々を預言者としている。

（三）指導者の根拠

聖書における指導者の根拠とは何なのか。どのような民族であっても共同体である限りリーダーが必要である。しかし、何がその人を指導者とするのか。

聖書における指導者の根拠は神の召しである。神が指導者を召し、用いられる。その徴が油の注ぎや霊の注ぎ、あるいは職務に就く際の式典であった。それらの徴によって神の召しを確信すると、人は指導者となった。

しかし、神の召しを受ければそれで十分かというとそうではない。神への従順が重要である。「私が」ではなく、「神の召し」を根拠とするから、神への従順が指導者にはいつも求められた。職業という言葉がドイツ語や英語では神の召しと同じであることは意味深い。どのような仕事であっても、「自分が選んだ」だけでは職業とならない。仕事において「神の召しに応えていく時」、職業となる。与えられた仕事と生活に神の召しを見いだし、信仰をもって日常の営みをなしていきたい。

第二節　イスラエルの指導をめぐって

（一）反逆者　一六章一～三節

本論に入る。

レビの子ケハトの孫であるコラはレビ人であり、モーセやアロンの従兄弟になる（出エジプト記六章一六〜二一節）。彼はおそらくモーセやアロンと同様に指導者となる資格があると思っていた。ルベンの孫ダタンとアビラムはイスラエル一二部族の長男の家系（一節）であり、政治的指導者の権威があると考えていて不思議ではない。ペレトの子オンについては系図が分からない。彼らに加わったのが、「集会の召集者である共同体の指導者、二五〇名の名のあるイスラエルの人々」（二節ａ）である。

彼らは誰よりもモーセとアロンに協力すべきだった。そうであるにもかかわらず逆らってこう言った、「あなたたちは分を越えている。共同体全体、彼ら全員が聖なる者であって、主がその中におられるのに、なぜ、あなたたちは主の会衆の上に立とうとするのか」（三節ｂ）。

彼らの主張のポイントは二点ある。第一は全会衆が聖であり、主がその中におられる。だから、主が共におられる人々の上に立つ人などいらない。第二にそうであるのにモーセとアロンは主の会衆の上に立とうとして分を越えている。

（二）分を越える　四〜一五節

モーセはコラと反抗するレビ人に応えている（四〜一一節）。モーセの返答からすると、コラたちはレビ人の務めに満足せずアロンに代わって祭司になりたかった。「その上、あなたたちは祭司職をも要求するのか」（一〇節ｂ）とある通りである。彼らはレビ人である。だから、彼らも会衆から分離され主に仕えさせられていた。すでに特別な務めについていた者たちである。ところが、そのレビ人がモーセとアロンに反抗した。彼らも指導者の立場にあったからかもしれない。自ら指導者の働きを知って、さらにその上を求めたと考えられる。モーセはそんな彼らに言った。「アロンを何と思って、彼に対して不平を言うのか」（一一節b）。

コラたちが祭司職を望んだのに対して、ダタンとアビラムは民の指導を求めた。モーセは人をやってダタンとアビラムを呼ばせた。しかし、彼らはモーセの命令に応えなかった。一二～一四節に記されている彼らの主張は三点にまとめることができる。第一にモーセは豊かな地から荒野に導き、私たちを殺そうとしている。第二にその上モーセたちは君臨しようとしている。さらに第三として豊かな地に導こうともしない。

したがって、モーセは指導者として責任を果たしていない。

（三）神の裁き　一六～三五節

場面はコラたちに戻る。モーセとアロン、コラたちは神の裁きを受けるために香炉を持ち、その中に香を入れて臨在の幕屋の前にいた。その時、モーセとアロンは彼らと共に立っていた。ところが、コラは共同体全員を味方につけ、モーセとアロンに敵対させようとした。民もコラの指導にしたがっている。モーセとアロンは逆らうコラと彼に従う民を見た。

主はモーセとアロンに共同体から分かれて立つように勧め、「直ちに彼らを滅ぼす」（二一節b）と語られた。それに対してモーセとアロンはひれ伏して、共同体に対するとりなしの祈りを捧げた。

神の権威に立つモーセとアロンに逆らったコラ・ダタン・アビラムは神の裁きを受けた。彼らは臨在の幕屋の前に立っていた。すると地が口を開いて彼らを飲みこんだ。彼らは生きたまま飲み込まれていった。また火が主の元から出てモーセに背いたレビ人二五〇人も焼き尽くした。ただ、彼らに味方した民に対してはモーセの祈りを聞き救われた。

このように厳しい裁きがコラたちに加えられた。

（四）警告のしるし　一七章一～一五節

コラたちに対する悲惨な裁きの後にモーセは主の命令を受ける。それは二度と過ちを犯さないように下された。モーセは二五〇人を焼き尽くした焼け跡から香炉を取り出し、それを打ち伸ばして板金とし、祭壇の覆いとした。それは警告の徴となり、恐ろしい裁きの記念として再び主の前に罪を犯すことがないための教訓となった。

悲惨な裁きからモーセが学んでいたのに対して、イスラエルの共同体はモーセとアロンに逆らって、「あなたたちは主の民を殺してしまったではないか」（六節b）と不平を言った。民の不平は正当だろうか。彼らに対する神の裁きはモーセたちの責任だろうか。聖書はそうではないと明確に語っている。モーセたちを押しのけ、分を越えて祭司となり指導者と

モーセとアロンに詰め寄る

なろうとしたコラたちに責任はあった。だから、思い上がりとイスラエルを混乱させた罪を問われて、彼らは生きたまま黄泉の世界へと落とされていった。

しかし、民は信仰の目をもって見ていなかった。だから、裁かれた者たちの立場に立ってモーセに不平を言った。ここに民の愚かさがある。見るべきものを見ないでつぶやく民の愚かさがある。神は再び疫病をもって民を罰せられる。モーセは民のためにとりなしを祈り、アロンが香を焚いて罪を贖う儀式を行った。こうして災害は終息した。

第三節　指導者の条件

(一) なぜ、権威か

荒野において深刻な問題を起こしたのはイスラエルの有力者だった。

彼ら自身すでに神から権威を与えられていた。そうであるのに、彼らはさらに権威を求めた。神から授けられた権威に従って職務を果たそうとするのではなく、さらに上位の権威を求めた。その時に深刻な問題が発生した。

権威とはそのような誘惑に満ちている。

(二) 権威への罪

「自分たちだってモーセやアロンのように宗教的政治的指導者になれるに違いない」ともくろんだ時に、彼らは大きな過ちを犯していた。それはまさに彼らの罪であった。なぜなら、モーセやアロンの権威は自分で求めたものではなかった。そうではなく、神が召し与えられた権威だった。

だから、モーセたちの権威への非難は神への非難であり、罪であった。

(三) 民の愚かさ

民の愚かさがもう一つの問題である。

民はコラたちの誘いに安易に加わった。長年にわたり彼らの指導者であったモーセではなく、誘いをかけたコラたちの側に立った。その上、モーセのとりなしの祈りに感謝することもなく、つぶやいた。

民の愚かさがどこから来ていたのかが問題である。それは神への信仰から離れ、人の思いや言葉に関心を向けたところから来ていた。

(四) 指導者の条件

指導者の条件について学ばなければならない。

神が指導者を選び、任務に就かせられる。人はただ神が与えて下さった職務に信仰をもって答えればそれでよい。

感謝を忘れ分を越えていないか、テキストは注意を喚起している。

第四節　覚えましょう

（一一）集会の召集者である共同体の指導者、二五〇名の名のあるイスラエルの人々を仲間に引き入れ、モーセに反逆した。

民数記一六章

モーセに反逆したのがイスラエルの有力者であった事実は極めて重い。だからこそ、混乱もひどかった。有力者たちはなぜ、モーセに逆らってまでさらに権威を求めたのか。しかし、権威は神から与えられるものであるために、彼らの要求は罪であった。

（一二）アロンの杖が芽を吹き、つぼみを付け、花を咲かせ、アーモンドの実を結んでいた。

民数記一七章

一二本並べられた杖の中で、アロンの杖が芽を吹き、つぼみを付け、花を咲かせ、アーモンドの実を結んでいた。この事実は神の権威の何であるかを語っている。神が選び用いられる指導者によって花が実を結ぶように、出来事は成就していく。

第七章　平和の行進　二〇章一四節〜二一章三節

第一節　約束の地取得をめぐって

(一) 荒野の旅路から約束の地取得へ

荒野の旅に備える民数記の第一部（一～一〇章）はイスラエルが共同体として整えられることを扱っていた。

第二部（一一章～二〇章一三節）は四〇年に及ぶ荒野の旅そのものを描く。共同体として整えられながらも次々と困難を克服した厳しい旅だった。その中でイスラエルは自らの限界、高慢、不信仰を知らされる。また幾度となく深刻な危機に遭遇しながらも、神の憐みによって救われた。このような救済の出来事を重ねることによってイスラエルは神の民として成長していく。

荒野の旅を四〇年過ごしてついに迎えたのが約束の地の取得である。イスラエルは四〇年の後に約束されていた土地を取得する。民数記第三部（二〇章一四節～三六章）はその準備とヨルダン川東側の土地分与を扱っている。

(二) 約束の地取得をめぐって

私たちは約束の地取得をめぐって、判然としない思いを持っている。確かにそこは約束の地であった。イスラエルの立場からすると約束の成就を信じて歩んできた土地である。そして、四〇年後に約束の地がついに与えられる。それはイスラエルにとって大きな喜びであったに違いない。

しかしながら、判然としないのはカナン人がすでにその地に住んでいたからである。未開の土地を与えられたわけではない。土地の取得とはカナン人が住んでいる土地を奪い取り、新たな支配者となることだった。いくら神の命令とはいえ、そのようなことが許されてよいのか。

正直なところ、このような疑問を持たざるを得ない。そこで、率直な疑問を持ったまま聖書における約束の地取得とはどういうことなのかを学びたい。

(三) 民数記第三部の構成

民数記第三部「土地取得の準備と開始」(二〇章一四節～三六章)の構成を見ておこう。

一　エドム通過の拒否　二〇章一四～二一節

約束の地に入るためにエドムを通過することを拒否される。そこでイスラエルはエドムを避けて平和裏に約束の地を目指す。

二　アロンの死　二二～二九節

アロンの死とエルアザルへの引継ぎである。アロンの死は人間の限界とそれを越えた神の業を描いている。

三　ホルマでの勝利　二一章一～三節

ホルマにおけるイスラエルの勝利である。

四　青銅の蛇　四～九節

つぶやいた民が青銅の蛇を仰ぎ見て救われた。

五　宿営の地　一〇～二〇節

旅路における宿営の地を記している。一七～一八節にある井戸の歌が有名である。

六　ヨルダン川東側での最初の勝利　二一～三五節

ヨルダン川東側におけるイスラエルの勝利である。

七　バラム物語　二二章～二四章

バラムの物語である。祝福の民が他からはどのように見られていたのかを記している。

八　モアブの異教礼拝を行う　二五章一～一八節

イスラエルはモアブで異教礼拝を行う過ちを犯した。

九　第二回目の人口調査　一九節～二六章

第二回目の人口調査である。

一〇　娘たちの嗣業権　二七章一～一一節
娘たちの嗣業権について記している。

一一　モーセへの死の通告　一二～二三節
モーセに死の通告がなされる。アロンの場合と類似している。

一二　祭儀の規定　二八章～三〇章一節
祭儀の規定について記している。

一三　女性の誓願について　二～一七節
女性の誓願について記している。

一四　ミディアン人への勝利　三一章
ミディアン人への勝利を記している。

一五　ヨルダン川東側の土地分与　三二章

ルベン・ガド・マナセの半部族にヨルダン川東側の土地が分与される。

一六　出エジプト以来の宿営地　三三章一～四九節
出エジプト以来、イスラエルが宿営した土地を記している。

一七　土地分割の指示　三三章五〇節～三四章二九節
土地分割に関する指示を記している。

一八　レビ人の町と逃れの町　三五章
レビ人の町と逃れの町の規定である。

一九　女子相続者の結婚について　三六章
女子相続者の結婚について記している。

第二節　平和の行進

民数記第三部は土地分与の準備とヨルダン川東側の土地分与について記しているが、かなり雑多である。

それでも、「一　エドム通過の拒否」から「三　ホルマでの勝利」で基本的な見方と実際を学ぶことができる。そこで、一～三をまず学びたい。

(一) 平和の行進　二〇章一四～二一節

イスラエルの行進がどのようなものであったかを記している。それは戦いを望むのではなく、謙遜で礼儀正しく統率の取れたものだった。

ア　イスラエルの申し出

カデシュはエドムの端にある町で、イスラエルはカデシュからエドムを通って行けばカナンの地に入ることができた。目標の地はエドムの向こうにあるからである。そこで、兄弟の民族としてイスラエルはエドムに重ねて通行の許可を申し出た。エドムの町の中心には王の大路と呼ばれる道があった。馬車の通れる道だったと言われている。

イ　エドムの拒否

イスラエルの申し出をエドムは冷たく厳しく断る。学者たちによると当時のエドムは王国として栄えていた。しかし、エドムはイスラエルに対して決して友好的な態度を示さず、むしろ疑いと厳しい拒絶の返答をした。

その上、エドムは多くの軍隊をイスラエルに差し向けてきた。

ウ　エドムを避けて

一つの可能性としてイスラエルにはエドムとの戦いを受けて立つことがあった。向こうから仕掛けられた戦いだったためである。

しかし、戦いの前にイスラエルはカデシュを退去する。しかも、さらに南まで退いてエドムの領地を回ってカナンの地に入る道を選んでいる。それははるかな道であった。しかし、南周りの道をイスラエルは黙々と歩んでいった。

この道のりはイスラエルが平和を尊重する民であったことを語っている。

(二) アロンの死　二二～二九節

次いで、アロンの死である。

アロンはモーセと並ぶイスラエルの指導者だった。彼はモーセの兄であったが、モーセを立てて民の側に身を置き厳しい荒野の旅を導いた。ところが、そのアロンが約束の地に入ることはできない。

平和の行進

アロンの死はどんな人間であっても神に用いられるところにその人の意味があると語っている。

ア　主の語りかけ

カデシュからエドムを回ってホル山に着いた時である。なお、ホル山の位置は分からない。

主がモーセとアロンに語りかけられた。「アロンは先祖の列に加えられる。わたしがイスラエルの人々に与える土地に、彼は入ることができない」（二四節a）。それゆえに、ホル山に登ってその子エルアザルに祭司の務めを継がせなさいと語りかけられる。

イ　アロンの死

そこで、モーセとアロンそれにエルアザルは主の語られた通りにホル山に登っていく。そして、アロンの服をエルアザルに着せる。それは祭司の職務がアロンからエルアザルに移ったことを語っている。

そして、アロンは死んだ。

ウ　民の悲しみ

イスラエルの全会衆はアロンの死を知り泣いた。アロンは民の側に立つ指導者だった。人々のアロンに対する信頼は深かった。そのような信頼があったからこそ、荒野の四〇年の旅は成り立った。アロンには重大な罪もあった。それでも彼はモーセと並ぶ神の指導者で、民の信頼する掛け替えのない人物であった。

アロンはカナンに入る前に亡くなった。人々は彼のために泣き、何を見たのか。それは神がアロンを立てて導かれた真実である。アロンは神の業のために大切な働きを担っていた。その務めが今エルアザルに引き継がれた。

(三) ホルマ　二一章一～三節

「ホルマ」とは「絶滅」という意味である。二節にある「絶滅させます」の原語は「すべてを神に捧げる」を意味する。つまり、アラドでの出来事は勝ち負けが問題ではなく、イスラエルの神に対する態度を示した出来事であった。

ア　アラド王の攻撃

事の起こりはアラドの王がイスラエルを攻撃し、数名を捕虜として捕らえた事件にある。この事件をめぐってイスラエルは主に誓いを立て、「この民をわたしの手に渡してくださるならば、必ず彼らの町を絶滅させます」(二節)と言った。

イスラエルがエドムに対して示した態度は平和の行進だった。あの時も戦争の危機があった。しかし、イスラエルは戦いではなく遠回りの行進をした。今回も向こうから仕掛けられた戦いである。しかも、すでに攻撃を受け数名が囚われの身となっている。その時にイスラエルは戦いを決意する。それはアラド王の非道に対する戦いであった。

「絶滅させます」とは「神に捧げる」を意味する。悪の町を滅ぼし、神に捧げるというのである。

イ　ホルマ

イスラエルはアラドの町を攻めてことごとく滅ぼした。そして、廃墟となった街に「ホルマ」（絶滅）という名前を付けた。

ホルマという名称は何を語っているのか。滅ぼされた町の悲惨か。滅ぼされなければならなかった罪なのか。それとも滅ぼされた人々の悲しみか。

いずれにしても「ホルマ」（絶滅）は約束の地取得における一つの現実を語っている。

第三節　主の民の行進

民数記第三部の最初の三セクションから学んだ。これらから約束の地取得に関する基本的な特色を読み取ることができる。まとめておきたい。

（一）結束した謙遜の民

まず、約束の地に向かうイスラエルは決して戦いを望んでいたわけではない。確かに徹底した戦いを彼らは何度か経験している。しかし、基本的にはイスラエルは結束した謙虚な民であった。エドムに対する態度にこの特色は現れている。

この特色は主の民として徹底した訓練を受けたところから来ていると考えられえる。

（二）神に導かれる―アロンの死―

次いで、約束の地取得に先立ってアロンの死が描かれていた。その際に、「アロンはわたしがイスラエルの人々に与えた地に入ることができない」（二〇章二四節ａ）と語られている。

アロンの死から学ばなければならない。それはどんな優れた指導者も死に、私たちの支えから失われていく現実である。出エジプトの出来事には指導者が必要であった。教会にも折々にふさわしい指導者が必要とされる。しかし、彼らもまた神から召され、神の仕事に用いられた事実を忘れてはならない。

約束の地取得の前にアロンが召された事実は民にとって悲しい出来事となった。しかし、主の業としてはそれが相応しかった。アロンは召された役割を果たせば、それで十分だったからである。

（三）ホルマ―主に捧げる―

エドムと全く異なるケースとして登場したのがアラドである。

イスラエルは謙遜な民であったが、彼らの謙虚さは主に対する態度を根本とした。だから、「主に捧げることが相応しい」と判断すれば、彼らは毅然として戦いに臨んだ。そして、主に捧げるために完全に滅ぼしつくした。それは当時の通常の戦いだった。ただし、これに対して私たちが納得できないで疑問を持ち続けても当然だと考えられる。それでも、イスラエルの人々が主に捧げる態度をもって、徹底して悪を滅ぼした事実からは学ばなければならない。

悪に対する毅然とした態度を取るのはむつかしいからである。

（四）滅びの町

滅ぼされたアラドの町の立場に立つと言えるかもしれない。そこには大きな悲惨があり悲しみがあった。イスラエルに対する憎しみがあり、恨みもあった。

しかし、悪を犯した場合にはイスラエルも同様の怒りを受け、多くの人々が滅ぼされてきた。つまり、滅びはアラドだけのことではなく、イスラエルも同様であった。罪に対する裁きに関しては私たちも同じ厳しさの前に立たなければならない。

したがって、アラドの町の立場に立って見つめるべきは裁きの厳しさであり、誰もその前から逃れることはできない。

第四節　覚えましょう

（一三）アロンは先祖の列に加えられる。わたしがイスラエルの人々に与える土地に、彼は入ることができない。

民数記二〇章

約束の地の取得にあたってアロンの死が告げられた。彼は四〇年間の旅を導いてきた指導者である。そんな彼がなぜ約束の地に入ることができないのか。しかし、それでいいのである。イスラエルを導くのは神であって、アロンは神に仕えていた。アロンの死においてこの真実が明らかにされる。人は与えられた務めを果たせばそれでよいのである。

（一四）そこの名をホルマ（絶滅）と呼んだ。　　　　民数記二一章

ホルマとは絶滅という意味である。イスラエルの土地取得にあたっていくつかの町が滅ぼされた。そこに私たちは矛盾を感じる。しかし、アラドに立つ時にこの町の絶滅は人々の罪の結果であることが分かる。そうだとすると、アラドは私たちに対する警告に違いない。

第八章　バラム物語　二三章二七節〜二四章九節

第一節　もう一つの立場

(一) もう一つの立場

聖書を学ぶ際に主の祝福の普遍性という特質が重要である。それぞれの町や国には独自の文化があり、歴史があり、個性がある。それらは民族の独自性を生んでいる。しかし個々の独自性を越えた普遍性があって、主の祝福は独自性を超えた普遍性をもたらしている。

これまでイスラエルの歴史を学んできた。神はエジプトにおける圧制からイスラエルを救出し、カナンの地へと導かれた。その過程でイスラエルは主の民として整えられていく。そこには祝福の基とされる内実があった。この目的のためイスラエルは神の民とされ、約束の地を与えられようとしていた。

しかし、バラム物語はもう一つの立場から語っている。イスラエルを迎え入れる側からである。その民族にも独自の文化があり、歴史があり、国がある。その立場からするとイスラエルとは誰なのか。彼らにとってイスラエルは凶暴な侵略者でしかないのではないか。

バラム物語はイスラエルを迎える立場からイスラエルの侵入について語っている。

(二) 王バラクの不安

まず登場してくるのがモアブの王バラクである。

バラクはイスラエルが多くの民を率いてやってくるのを見ていた。彼らが先にアラドで勝利し、アモリ人の王シホンに対しても勝利したのを見ていた。それでバラクは不安を感じた。アラドやシホンのように自分たちも滅ぼされてしまうのではないかと不安を感じた。

しかし、イスラエルに対する不安はバラクだけのものではなかった。モアブの長老たちも国や文化が滅ぼされることへの不安を感じていた。

(三) バラクとバラム

そこで、バラクは一計を考えた。力でイスラエルに対抗するのは困難なので、バラムを招くのである。バラムは呪術師である。呪術によってイスラエルの脅威を取り去ろうと考えたのである。

こうしてバラム物語の二人の主人公バラクとバラムが登場する。モアブの王バラクは政治的権力者としてイスラエルに不安を感じていた。バラムは呪術師としてイスラエルに立ち向かっていこうとしていた。

(四) バラム物語の主題

バラム物語の主題は明らかである。バラクたちはイスラエルを迎える側に立場を置いていた。彼らはイスラエルに脅威を感じ、その侵略を阻止したいと考えていた。

そこで呪術師バラムを招きイスラエルの脅威を取り去ろうとした。ここにバラムとイスラエルの神との出会いが起こる。バラムは神と出会って、次第に変えられていく。ついにはイスラエルが祝福の基であることを語るようになる。

ここにいたって、神の祝福という普遍性はイスラエルの枠を超えてバラムにも及んでいる。

第二節　バラム物語の構成

そこでバラム物語の構成を見ておく。その上で、第三の託宣（二三章二七節～二四章九節）に焦点をあてて学びたい。

（一）バラク、バラムを招く

①　第一回目の招き　二二章一～一四節

イスラエルがモアブまでやってきた時にモアブの王バラクは不安を感じた。そこではるかメソポタミヤから呪術師バラムを招こうとする。バラムの呪術を受けた者は呪われると考えていたからである。ところが、バラムは招きに応じようとしない。

②　第二回目の招き　一五～二〇節

バラクはさらに多くの家来を送ってバラムを招く。すると、今度はバラムが招きに応じた。聖書は神が「行くがよい」と言われたからだとしている。

③　バラムとロバの物語　二一～三五節

ところが、バラムが旅立つと神は怒られる。「行くがよい」と言った神がなぜ怒られたのか。バラムが富に心を奪われたからだとする学者もいるが、理由は不明である。その時にロバがバラムを助け、しかも言葉を語るという出来事が起こる。

（二）バラクとバラムの会見　二二章三六〜四〇節

モアブの国までやってきたバラムをバラクが迎える。バラクは王として丁重にバラムを歓待した。そこにはイスラエルを呪ってほしい期待がある。

（三）バラムの託宣

①　第一の託宣　二二章四一節〜二三章一二節

バラムはまずバモト・バアルの山に登って主の言葉を聞く。その時にバラムは呪術を行ったと考えられる。ところが呪術師バラムに主の言葉が臨む。そこで、バラムは主から聞いた通りに語る。（七〜一〇節）

②　第二の託宣　二三章一三〜二六節

面白くないのはバラクである。場所を変えれば呪ってくれるかもしれないと考え、場所を変えるようにと伝える。そこで、ピスガの頂に連れて行き、呪いの言葉を期待した。ところが、バラムはやはりイスラエルを祝福する。（一八〜二四節）

③　第三の託宣　二七節〜二四章九節

それでもなお諦めることなくバラクはペオルの頂に連れて行く。この箇所は丁寧に学びたい。

④　第四の託宣　二四章一〇〜一九節

怒るバラクに対してバラムは第四の託宣を語る。それはイスラエルの勝利を明快に語るものだった。

⑤　その他の託宣　二〇〜二五節

さらにバラムはイスラエルの勝利を語る（二〇〜二四節）。その後に自分の国へと帰って行った。

第三節　目の澄んだ者の言葉

バラム物語の全体を概観した上で、第三の託宣について学ぶ。この箇所はバラム物語の中でも最も古い記録であると見られている。

ろばとバラム

（一）場所の移動　二三章二七～三〇節

すでに二度バラムがイスラエルを祝福するのを聞いていた。そこでバラクは場所を移動する。場所を変えればバラムはイスラエルを呪うかもしれない、そうすればイスラエルに勝利できると考えたからである。何としてでもイスラエルに打ち勝たなければならないという執着心が動機である。

（二）目の澄んだ者の言葉　二四章一～四節

しかし、バラムはバラクとは違っていた。当初はバラムも呪術を行ってイスラエルを呪っている。ところが、彼は主がイスラエルを祝福されるのを繰り返し聞いた。そこで、もはや呪術を用いてイスラエルを呪おうとはしない。すると、主の霊がバラムに臨んだ。そこでバラムは語り始める。

　ベオルの子バラムの言葉。
目の澄んだ者の言葉（三節）

「目の澄んだ」とは「心の目を開く」と同じ意味である。肉眼で判断するのではなく、心の目を神に向かって開いて判断しようとする。そういうバラムの態度を語っている。続けて記されている。

　神の仰せを聞き
全能者のお与えになる幻を見る者

倒れ伏し、目を開かれている者の言葉。（四節）

バラムはもはや神の言葉を聞く者である。「倒れ伏し」とは祈りの中で恍惚状態に陥っている者だと言われる。ここにはバラムがもはや呪術者ではなく、預言者の存在に近づいていることが分かる。

（三）主が植えられた木　五〜六節

主の言葉を聞くバラムは重ねてイスラエルを祝福する。しかし、その祝福の言葉は単なるイスラエルへの讃美ではなく、「主が植えられたアロエの木のよう」（六節）だという。

つまり、イスラエル対モアブではない。イスラエルもモアブも超えた存在があって、その神がイスラエルを祝福している。そうであれば、民族間の対立を越えて共に認めなければならない祝福がある。

（四）祝福の言葉　七〜九節

バラムは続けて神の祝福の歴史を語り始める。イスラエルはアガグよりも栄え、彼らはエジプトから導き出された。それは祝福されたイスラエルの歴史である。そのように語った後に、バラムは結んでいる。

あなたを祝福する者は祝福され
あなたを呪う者は呪われる。（九節b）

それはかつてアブラハムが旅立ちに臨んで神から聞いた言葉である（創世記一二章三節）。同じ言葉が違った立場に置かれていたバラムによって語られていることに意味がある。

第四節　伝道の根拠

（一）主の民に立ち向かう

学びをまとめておく。まず、「主の民に立ち向かう」現実である。

イスラエルからするならば神から選ばれ、祝福の基とされていた。だから神が示された通りに歩んでいけばよい。しかし、事情は単純ではない。国も歴史も文化も違った人たちがいて、彼らがイスラエルに立ち向かってくる。それは否定されるべきではない。

私たちの国もそうであった。キリスト教が入ってきた時に私たちの国はキリスト教を激しく排撃した。自分たちの歴史があり、宗教があったからである。したがって、かつての攻撃はただちに非難されるべきではない。

けれどもそのような攻撃を承知の上で、福音は全ての人に宣べ伝えられる。

（二）不安

イスラエルを迎えたモアブの王バラクは不安を感じた。自分たちの国はどうなるのだろうかという不安である。この不安はキリストを迎えた時のエルサレムの不安に似ている。

それは単なる心配ではなく、真実なものに対する不安である。失いたくない何かを持っている者は真実の前に立たされると不安を感じる。真実の前に自らの姿があからさまにされるからである。

だから、この不安はまだ真実に立っていないことを語っている。もし真実に立っているならば、イスラエルは攻めてはこない。ただ、祝福をもたらそうとするだけである。だから、何の不安も感じることはない。

（三）祝福の可能性

バラクに対してバラムの反応は対照的であった。バラムは呪術師で本来は神から遠い存在であった。ところが、イスラエルを前にしてバラムは神の祝福の現実に出会う。呪術に頼るよりも目を澄ませて神の言葉に聞く確かさを知る。こうして、バラムは呪術師から預言者に近い存在へと変えられていった。

そこで、バラムは「わたしの終わりは彼らと同じようでありたい」（二三章一〇節）と語る。神の祝福のうちに生涯を閉じる者でありたいと願うからである。

ここに神の祝福が民族の壁を越えている現実を見ることができる。

（四）伝道の根拠

バラムの変化に伝道の根拠、可能性を見ることができる。

神の福音には民族の壁を超えた普遍性がある。その人の過去や宗教、様々な事情を越えて神の福音は全ての人に臨み、救いを与えようとしている。ここに伝道の根拠がある。

ただし、向こうの立場を認めて尊重し、その前提に立って福音を宣べ伝えていく必要がある。ここに伝道の可能性がある。

第五節　覚えましょう

（一五）わたしの終わりは彼らと同じようでありたい。　民数記二三章

バラムは呪術師で福音からは最も遠い存在であった。しかしだからこそ、主の民との出会いを通して鮮やかに福音の現実を知ることができた。その時に語った「わたしの終わりは彼らと同じようでありたい」から、神への信仰を見ることができる。

第九章　荒野の旅の帰結　三二章

第一節　シホンとオグの国

(一) 約束の地への入り口

イスラエルは四〇年間も荒野の旅を続けていた。それは神から約束されたカナンの地に入るためである。神はエジプトで奴隷だったイスラエルを解放し、荒野の旅で神の民として訓練し、カナンの地を与えると約束された。だからカナンは神から約束された地、神の祝福を受け、永住すべき土地であった。

カナンはガリラヤ湖の盆地が尽きるあたりが北の端、東はヨルダン川、南は死海の西側、西は地中海の沿岸に囲まれた土地である。

イスラエルは東側からカナンに入るコースを取った。すると、約束の地に入る入り口はヨルダン川の東側になる。つまりヨルダン川東側からヨルダン川を渡って、カナンに入ろうとした。

そうだとすると、最後の宿営地はヨルダン川の東側となる。実際はヨルダン川の東側、ヤボク川とアルノン川との間あたりにイスラエルは宿営し、カナンに入っていった。

(二) シホンとオグに対する勝利

聖書は約束の地カナンに入るためにイスラエルは戦わないで、平和の民として行進したことを強調している。エドム人の地を通過する際にも、モーセがエドムの王に平和的に通過させてほしいと申し出た記事を記している（二〇章一四～二一節）。アモリ人の王シホンに対しても平和的に通過させてほしいと願い出ている（二一章二一～二二節）。

しかし、イスラエルが願ったように通過することはできなかった。ほとんどの国が軍隊を国境まで送ってきて戦う姿勢を示したからである。そこでイスラエルは戦いを避けてその国を通ることはしないで迂回してカナンの地を目指した。

けれども、シホンとオグの場合は違った。彼らはヨルダン川の東側、イスラエルが最後に宿営したいと願った土地の王であった。彼らもまたイスラエルと戦うために出てきた。

イスラエルはシホンと戦い、オグと戦い、決定的な勝利を得る。それらの戦いを望んでいたわけではない。しかし、勝利によってヨルダン川東側の土地がイスラエルの所有となった。約束の土地に入る前にイスラエルはヨルダン川東側の地を手に入れたのである。

(三) ヨルダン川の東側の土地分与をめぐって

その土地がカナンからはるかに離れた場所にあったならば、イスラエルはしばらく宿泊した後に離れて行ったに違いない。けれどもそこはカナンへの入り口、ヨルダン川をはさんでカナンの隣だった。しかも、牧畜に適した土地だった。

だから、イスラエルの中からここに永住したいと希望を申し出る者が出てきた。約束の地ではないがその隣でしかも牧畜をする者にとってふさわしいという申し出であった。

本来はカナンに入った後にカナンの土地を各部族に分け与えるはずであった。ところが、カナンに入る前に土地分与の申し出があった。だから、ヨルダン川東側の土地分与はカナンのそれに先立つ。したがって、ここでカナンの地における土地分与の基本を示さなければならない。あやふやな希望に従って土地を分与し、イスラエルとして最も大切な事柄が脅かされてはならない。

第二節　共同体の約束

(一) ガドとルベンの要求　一～五節

民数記三二章の学びに入る。

その時、イスラエルは荒野の旅の最後の宿営地ヨルダン川の東側にいた。約束の地カナンはヨルダン川の向こうに広がっていた。しかもシホンとオグに対する勝利によってヨルダン川東側の土地はイスラエルの所有地となっていた。

するとルベンとガドの人々が言った。「もし、わたしたちがあなたの恵みを得ますなら、この土地を所有地として、僕どもにお与えください。わたしたちにヨルダン川を渡らせないでください」(三二章五節)。彼らの言い分はこうである。「この土地は家畜を飼うのに適している。イスラエルの中でも多くの家畜を飼っているのは私たちです。ですから、わたしたちにこの土地を与え、家畜を飼い、永住させてください」。

さらに彼らはヨルダン川の東側でいいので、「ヨルダン川を渡らせないでください」とも申し出た。

（二）モーセの不安　六～一五節

モーセはルベンとガドの申し出を聞いて、不安を感じた。何十年も前に荒野からカナンを偵察したことがあった。あの時、人々はカナンに住む人を恐れて入ることができなかった。四〇年に及ぶ荒野の旅は主の約束に立つことができず心を弱くしたイスラエルに対する罰則だった。

だから、「わたしたちにヨルダン川を渡らせないでください」（五節ｂ）と聞いたモーセが思い出していたのは、心をひるませたイスラエルの民である。けれども、同じ過ちを繰り返してはならない。

モーセはルベンとガドの二部族が恐れを感じ「ヨルダン川を渡らせないでください」と申し出ているのであれば、その不安はイスラエル全体に広がりかねないと考えた。そこでモーセは「なぜ、主が与えてくださる土地に渡って行こうとするイスラエルの人々の心を挫くのか」（七節）と二部族をいさめた。

（三）共同体の約束　一六～二七節

しかし、モーセの不安はあたらなかった。ルベンとガドの申し出は家畜を飼うのにヨルダン川の東側が適しているためだった。彼らがカナンの地に入るのを恐れていたり、イスラエルに脅威を感じさせるためではなかった。

そこでモーセはルベン族およびガド族と約束をした。イスラエルがカナンに入っていく時にはルベンとガドの部族も戦いに参加すること、そのことを条件としてヨルダン川の東側を彼らの部族に与えると約束した。

ところで、二部族と約束を交わす際にもモーセは注意深く警告している。「しかし、そのとおりにしないなら、あなたたちは主に対して罪を犯すのであり、その罪は身に及ぶことを知るがよい」（二三節）。
最後までイスラエルの共同体が崩れることのないようにモーセは細心の注意を払っていた。

（四）後継者たちの約束　二八〜三二節

モーセは彼の後継者であるヨシュアと祭司エルアザル及び諸部族の家長たちにルベンとガドをめぐって命じた。モーセはヨルダン川を渡る前に死なければならないからである。

したがって、カナンの地の征服と土地分与はモーセ以降の指導者の手に委ねられる。またヨルダン川東側の土地分与はイスラエル全部族の出来事となった。

ここにはイスラエル全部族に不安を与えることなく一部の部族に対して土地分与が行われる約束を記している。それはイスラエル全体にとってふさわしい出来事だった。

（五）ヨルダン川東側の土地分与　三三〜四二節

テキストはルベンの子孫とガドの子孫、それにマナセの子孫の半部族がヨルダン川東側に土地を分与された様

モーセの最後の指導

子を記している。

エジプトを脱出した四〇年前にイスラエルは流浪の民であった。当時の様子を知る者はモーセを除いて誰もいなかった。しかし、神の約束の歴史を継いだ人々はついに永住の土地を与えられた。

その時イスラエルには大きな喜びがあった。

第三節　荒野の旅の帰結

民数記三二章の学びをまとめておこう。

(一) 民数記の主題

まず、モーセの不安についてである。モーセの不安が何であったのかを知るためには民数記の主題を確認する必要がある。

民数記の主題は共同体、それも神の共同体であった。荒野の四〇年の旅を続けるためには「共に」共同体として整えられる必要があった。モーセの四〇年の労苦もイスラエルを神にある共同体として守り導くことにあった。

だからこそ、共同体が危機に立たされるかもしれない時にモーセは非常な不安を感じた。

モーセの不安から学ぶことができる。教会は神にある共同体である。神から召しと使命を受け、目的を与えられた共同体である。そのような共同体として歩み続ける。それは民数記の主題でもある。

（二）共同体における個と全体

イスラエルが共同体として結集するために個々が犠牲になってはならない。ルベンやガドは共同体の一員であることを自覚していた。だから、彼らは共同体のための戦いに進んで参加した。それと共に自分たちの希望を自由に申し出ることができた。

教会も同様である。共同体である教会は個々の奉仕によって成り立っている。だから、教会は会員の奉仕を求めている。同時に、会員への祝福を抜きにして教会の存在は成り立たない。神への信仰において個と全体が調和しているところに教会の姿がある。

（三）土地分与――荒野の旅の帰結――

共同体として荒野を歩んだ帰結として与えられたのが約束の地の土地分与である。それはイスラエルが神の民として永住するために与えられた土地であった。四〇年に及ぶ長い道のりであったからこそ、イスラエルは大きな喜びに浸ったに違いない。

イスラエルの喜びも教会の歩みへの比喩としてある。教会も約束を全うされる時が来る。それはすでに地上の歩みにおいても与えられている。それと共に、この喜びは地上の旅の向こうに与えられるものでもある。だから、地上における信仰者はその喜びを目指して荒野の旅を続けている。

第四節　覚えましょう

（一六）わたしたちは、武装してイスラエルの人々の先頭に立って進み、彼らをその所に導いていきます。

民数記三二章

モーセはルベンとガドの申し出に不安を感じた。しかし、彼らはふさわしくモーセの不安に応えている。つまり、ヨルダン川の東側に土地を希望するだけでなく、共同体の一員としても任務に当たると言うのである。共同体であることが尊重されなければイスラエルは成り立たない。それと共にイスラエルは個々の自由を尊重しなければならない。

第一〇章　逃れの町　三五章

第一節　課題―復讐心をめぐって―

(一) 復讐心

民数記の学びの最後となる。

民数記は荒野の旅からイスラエルが約束の地に入ろうとする時までを描いていた。そんなイスラエルに求められたのは、神の共同体として整えられることである。

だから、シナイを出発するにあたって何よりも共同体として整えられ、四〇年に及ぶ荒野の旅を続け、ついに約束の地を目前にした。すでにヨルダン川東側には二部族半が定着し、カナンの地でもそれぞれが生活する場所を指定されていた。

こうして民数記の主題は終了した。

ところが、ここにもう一つ民数記の扱っている事柄があった。復讐心をめぐる課題である。

復讐心をめぐる問題には端的に人間の課題が現れている。人から受けた仕打ちを人間は容易に忘れられることができない。「仕返しを」と思うのである。こうして復讐心に捕らわれた人間の関係は悪循環していく。

「目には目を、歯には歯を」という規定(マタイ福音書五章三八~四二節)がある。これも悪循環を断つための規定であった。つまり、「目を痛められたならば目を、歯を傷つけられたならば歯を傷つけてよい」という規定はそれ以上の仕返しを禁じている。

ところが、もっと深刻な課題があった。「殺人」である。家族を殺された時に人は復讐しないではおれない。しかし、それが偶然の事故であったならば殺してしまった人の命も守られなければならない。

（二）二つの伝統

殺人をめぐって古くから二つの伝統があったと言われている。

一つは聖所である。聖所は逃れの町として、もし聖所に逃れたならばその人は守られなければならない伝統があった。つまり聖所は人の生命を断つことのできない場所であり、そこでは生命を守られる安心感があった。

もう一つの伝統は被害を受けた者の家族は血の報復の義務を負い、相手の生命を狙わなければならない伝統である。

これら二つの伝統は明らかに矛盾している。したがって、殺人が意図的であっても偶然であっても、生命を守ろうとする立場と奪おうとする立場の間に新しい争いと恐怖が生じた。

逃れの町の規定はこのような怖れを取り除いて適切な処置をはかろうとしていた。

（三）逃れの町の実際と特徴

逃れの町の実際と特徴を見ておこう。

ヨシュア記二〇章に逃れの町の場所が記されている。すなわち、ガリラヤのケデシュ、エフライム山地のシケム、ユダの山地のヘブロン、ルベン族に属する台地のベツェル、ガド（ギレアド）のラモト、それとゴランの六つの町である。

　これら六つの町はいずれも聖所と呼ばれていた。それらは小さいながらも神殿があって、神を礼拝していた。つまり、恐怖から救われるために逃れていく先はいずれも聖所である。

　六つの町はイスラエルの各地に点在している。そのためにイスラエルのどこからでも一日歩けば行くことができるようになっていた。

　ここに逃れの町の特徴がある。

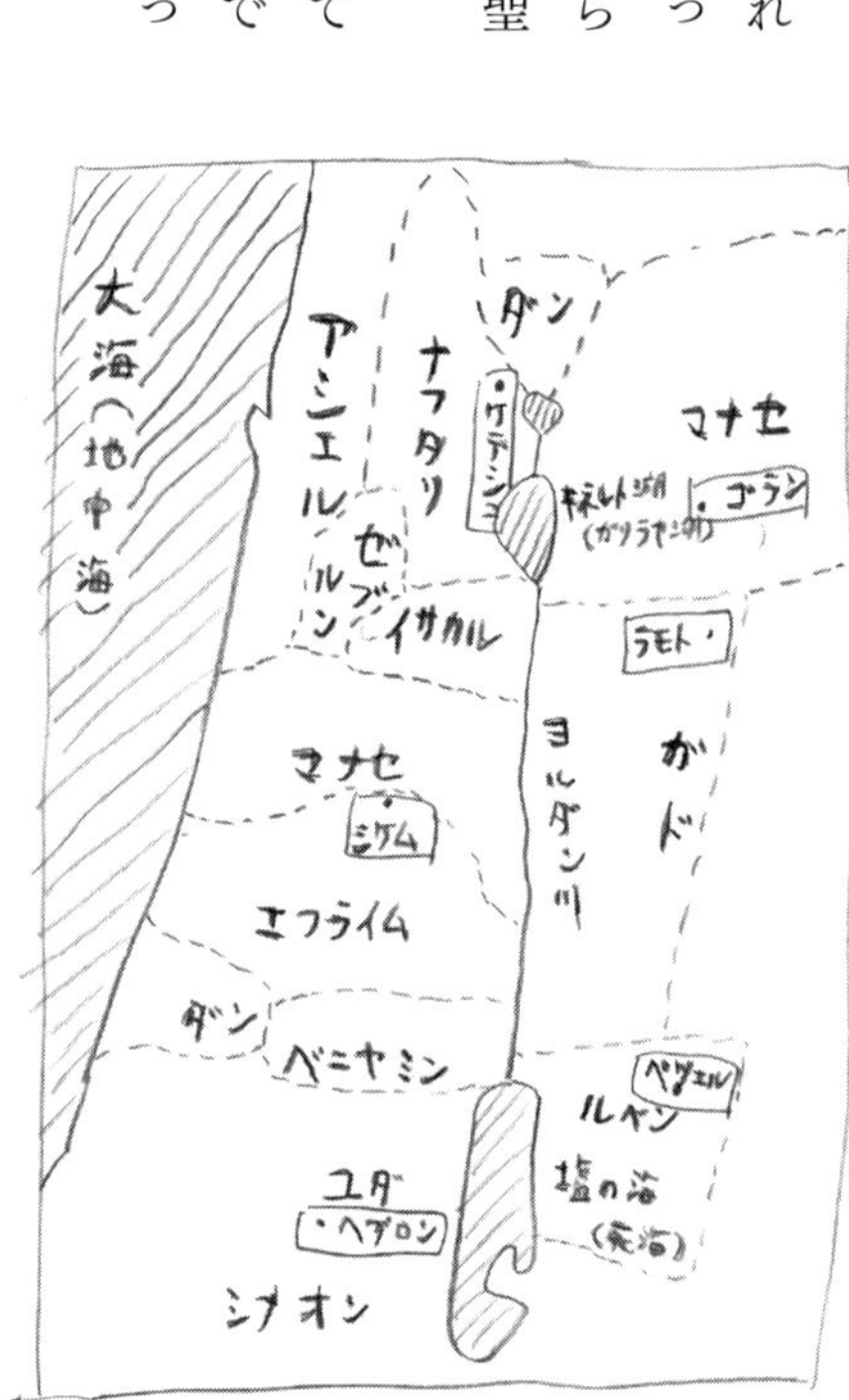

イスラエル一二部族と六つの逃れの町

第二節　逃れの町

（一）レビ人の町の規定　一〜八節

三五章を見ておく。まず、レビ人の町の規定である。

イスラエル一二部族にはそれぞれに土地が配分された。ところが、レビ人は配分から取り残されていた。

レビ人は神に仕え、人々から生活に必要なものを受け取るのが相応しいと考えられていたからである。

そこで、レビ人は一か所にまとまるのではなく、イスラエルの各地に四八か所の町を与えられた。町の周辺に放牧地も与えられる。一，〇〇〇アンマとは約四五〇メートルである。町の城壁から一，〇〇〇アンマの放牧地がレビ人の所有となる。そこでレビ人は家畜を飼った。

こうしてレビ人は各部族の中に町を所有して人々の中で生活し、祭司としての役目を人々に対して果たした。

レビ人の四八の町の中に六つの逃れの町もあった。

(二) 逃れの町　九〜一五節

次いで、逃れの町を設ける理由が記されている。

「誤って人を殺した者」、つまり殺そうとする意図はなかったにも関わらず偶然に殺人を犯してしまった者、そのような人の命は守られなければならない。特に会衆の前で適切な裁きが行われるまで命が守られるように逃れの町は設けられる。

それはヨルダン川を挟んで、西に三か所、東に三か所の合計六か所である。

さらに、逃れの町はイスラエルの人々に対してだけではなく、他国の人及び寄留者のためにも適用された。

こうして偶然に殺人を犯してしまった人の命が、イスラエル人であろうと外国人であろうと守られることとなった。

（三）故意の殺人の場合　一六～二一節

裁きによって殺人が許される場合を述べている。つまり、故意に人を殺した場合にはその命は保障されない規則である。

鉄の道具や人を殺せるほどの石、あるいは木の道具で意図的に人を殺した者は故意の殺人者である。そのような人に対して殺された側の家族は復讐心を持ってその人を殺すことが認められている。

殺された側の心の痛みに正当性を与えている。

（四）人命の保護　二二～二八節

ところが、殺人にも予期しない事故の場合がある。

このような場合、人はまず逃れの町へ行き、復讐の難を避けた後に共同体の前で裁きを受ける。共同体は彼が故意の殺人者であるかそうではない偶然の出来事であったかを判断する。

偶然の出来事であった場合には、復讐心を持つ人の手から救われる。彼は再び逃れの町へと逃げる。そして、大祭司が亡くなるまでは逃れの町に留まる。大祭司が亡くなった時に彼は自分の町へ帰ることを許される。

ただし、大祭司が生きている間に逃れの町の外で復讐心を持った者と出会った場合、彼が殺されても血を流した人の罪は問われない。

ここでは明らかに偶然に人を殺してしまった者の側に立って、人命の尊重が考えられている。

（五）法の定めの追加　二九〜三四節

原則に加えていくつかの法の追加が語られる。人命にかかわる事柄であるためである。

証言は一人ではいけない。客観性が必要だからである。また、重大な裁きを曲げてしまうわいろをとってはならない。さらに、わいろによって大祭司が亡くなる前に自分の町へ帰ることを許してもならない。

このような規定を加えたうえで、「主であるわたしがイスラエルの人々のただ中に宿っているからである」（三四節b）と結ばれている。

第三節　間に立つ神

学びをまとめておく。

（一）なぜ、「逃れの町」なのか

まず、「逃れの町」の必要性である。すでに民数記の主題は終わっていたにもかかわらず、なぜ逃れの町の記述が加えられたのか。それは復讐心の悪循環を押さえられなければ共同体の傷となるからである。

人間の社会には予想もしない出来事があり、それをめぐって人間の思いが複雑に激しくぶつかる。それが人の命に関わることであれば、後に引くことはできない。

そのような課題の取り扱いがイスラエル共同体の難しさを端的に示している。

(二) 基本的立場――人命の尊重――

その上で、「逃れの町」の基本的立場は人命の尊重にあったことが確認できる。

肉親を失った者の悲しみは深い。そこから復讐心が湧き上がってくることを聖書は認めている。それにもかかわらず、それが偶然の事故であったならば人の命は守られなければならない。その人の生活から恐怖や不安も除かれなければならない。

これが人命の尊重である。憎しみや悲しみが行きかう中で、「逃れの町」の規定で示されているのは人命尊重の原則である。

(三) 他国人、寄留者への適用

聖書は人命の尊重を他国人や寄留者にも適用する。イスラエル人と同様に彼らの命も尊重されなければならない。

これはすぐれた法の適用と言える。

現在、教会の中でも外国人に対する指紋押捺の制度を問う声が強い。外国ではほとんど実施されていないこの制度が日本にはあって、外国人の痛みとなっている。教会関係者でこれを拒否している人がいる。

(四) 間に立つ神

「逃れの町」が聖所に設けられていた事実も重要である。

命を求める者と生きたいと願う者の間に最終的に立たれるのは神である。人間には抑えられない感情があり、それがぶつかり合う現実の中で神が間に立たれる。そうして命は守られる。それは一貫した真理である。

第四節　覚えましょう

（一七）過って人を殺した者はだれでもそこに逃れることができる。

民数記三五章

過って人を殺した者に罪は問われない。しかし、彼をめぐって激しい思いが行きかう。殺された肉親は復讐心に囚われる。そのような状況にあって人々の間に神が立たれる。人間では解決できない現実にあって、神が間に立ち人の命を守って下さる。

あとがき

本書は「聖書を学ぶ」シリーズの四冊目あるいは四作品目になる。以下の通りである。

『祝福したもう神―創世記の学び』（新教出版社、一九八七年）
『解放の出来事―出エジプト記を学ぶ』（新教出版社、一九九一年）
『仕事がある、生活できる　ありがたいこっちゃ』（花書院、二〇二〇年）
『人生は荒野の旅路―民数記を学ぶ』（花書院、二〇二三年）

シリーズの四冊目なのか四作品目なのかに関して、三冊目の『仕事がある、生活できる　ありがたいこっちゃ』（以下、『ありがたいこっちゃ』と略記する）について説明する。『ありがたいこっちゃ』はメッセージである「レビ記に聞く」（一～八〇頁）と「聖書を学ぶ」シリーズの「レビ記を学ぶ」（八二～一五四頁）の二部構成である。したがって、この構成を厳密に考えれば「レビ記を学ぶ」は三作品目とすべきであり、シリーズは全四作品となる。ところが、「レビ記に聞く」は「レビ記を学ぶ」を踏まえたメッセージであり、両者は密接に関係している。この関係性に注目すれば『ありがたいこっちゃ』はシリーズの三冊目となる。便宜上、ここでは『ありがたいこっちゃ』をシリーズの三冊目として扱う。

『祝福したもう神―創世記に学ぶ』（以下、『祝福したもう神』と略記する）の「はじめのことば」に記したように、「聖書を学ぶ」シリーズには方法上の一貫した特色がある。各書の構造に位置づけた聖書の言葉を「覚えましょう」のコーナーで取り上げ、説明を加えている。したがって、聖書の言葉からその構造を学ぶことができる。これが方法上の特色である。

「聖書を学ぶ」シリーズの四冊は、方法上の特色を一貫させたことによって各書のテーマを浮きぼりにしている。たとえば、創世記のテーマは「祝福したもう神」であり、歴史と社会そして個々人に対して祝福する神の豊かさを明らかにしている。出エジプト記のテーマは「解放の出来事」であり、何からのそしてどこに向かう解放が人間を生きるために必要なのかを描き出している。レビ記の特色はあのおっちゃんの実感である「ありがたいこっちゃ」と重なる生活者の回復である。民数記のテーマはかつて荒野の四〇年にわたってイスラエルが経験した様々な問題は現代社会を生きる私たちにも共感されるから「人生は荒野の旅路」なのである。

宇和島信愛教会と伊予吉田教会の祈祷会で一九八七年から八八年にかけて民数記を学んだ。そのレジュメを論考としてまとめて『国際文化論集』に五回発表したのは二〇二〇年三月から二〇二二年九月にかけてである。今回西南学院大学学術研究所はそれらの本書への転載を許可下さった。その事実を記して感謝としたい。

萱田美紀さんには五回の論考を発表するたびにそれらをデータとして打ち込んでいただいた。それだけでなく本文における問題点を毎回鋭く指摘下さった。萱田さんの丁寧な作業とアドバイスに感謝したい。

花書院の仲西佳文氏には手際よく作業を進めていただいた。いくつかの課題を残した初校の校正原稿を送って下さったのが六月二六日である。それらを解決した再校を送って下さったのが七月二〇日、真っ赤になった訂正箇所を修正し三校の原稿を送って下さったのが八月一〇日である。三校の校正原稿に修正を入れてほぼ出版のための作業は終わった。手際の良さと丁寧な作業に仲西さんの熱意を感じ、感謝している。

塩野まりは五月下旬から七月上旬にかけて体調を崩し苦しんでいた。そんな苦しむ彼女の姿を見て、二〇二〇年九月以来三年に及ぶ苦悩は自分だけの問題ではなかったと痛感した。共に悩み苦しんでくれる人がいて、私はそれらの日々を乗り越えることができたとも知らされた。彼女には申し訳ない現実であるけれども、暗闇を歩んできた者にとっては深い感謝である。そして、苦悩の向こうでは「ありがたいこっちゃ」が指し示している平安の日々を共に過ごしたいと心から願っている。

二〇二三年九月

「ありがたいこっちゃ」の日々を心待ちしている

塩野和夫

〈著者紹介〉

塩野 和夫（しおの・かずお）

1952年大阪府に生まれる。同志社大学経済学部卒業。同大学大学院神学研究科後期課程修了、博士（神学）。日本基督教団大津教会、宇和島信愛教会、伊予吉田教会、西宮キリスト教センター教会牧師、西南学院大学国際文化学部教授を経て、現在、西南学院大学名誉教授。

著書に『日本組合基督教会史研究序説』『日本キリスト教史を読む』『19世紀アメリカンボードの宣教思想Ⅰ』『キリストにある真実を求めて —— 出会い・教会・人間像』（新教出版社）、*The Philosophy of Missions of the A.B.C.F.M. in the 19th Century I*（自費出版）、『禁教国日本の報道』（雄松堂出版）、『近代化する九州を生きたキリスト教』『キリスト教教育と私　前篇』『キリスト教教育と私　中篇』『キリスト教教育と私　後篇』（教文館）、『継承されるキリスト教教育 ―西南学院創立百周年に寄せて―』（九州大学出版会）、『祈りは人を育てる―西南学院につながる私たち―』『宝が隠されている―キリスト教学校に学ぶ・教える―』『うれしいやないか シオノ !!―心の世界を描く―』『仕事がある、生活できる ありがたいこっちゃ』『コロナ後への証言―みんなが一つになったメッセージ―』『浅瀬を行く船にも似て―19世紀アメリカンボードの宣教思想Ⅱ 1851-1880―』『詩人の心―恩師の助言に導かれて―』（花書院）等。

人生は荒野の旅路

―民数記を学ぶ

2023年９月15日　初版発行

著　者　**塩　野　和　夫**

発行所　㈲ 花 書 院

〒810-0012 福岡市中央区白金2-9-2

電話　092-526-0287

印刷・製本／城島印刷株式会社

ISBN978-4-86773-006-5